Stéphane LE PINIEC

Secrets des tas

Stéphane LE PINIEC

Secrets des tas

On nous prône le réchauffement climatique alors que dans le secret les états se préparent à une aire glaciaire

Éditions Muse

Imprint
Any brand names and product names mentioned in this book are subject to trademark, brand or patent protection and are trademarks or registered trademarks of their respective holders. The use of brand names, product names, common names, trade names, product descriptions etc. even without a particular marking in this work is in no way to be construed to mean that such names may be regarded as unrestricted in respect of trademark and brand protection legislation and could thus be used by anyone.

Cover image: www.ingimage.com

Publisher:
Éditions Muse
is a trademark of
Dodo Books Indian Ocean Ltd. and OmniScriptum S.R.L publishing group

120 High Road, East Finchley, London, N2 9ED, United Kingdom
Str. Armeneasca 28/1, office 1, Chisinau MD-2012, Republic of Moldova, Europe
Printed at: see last page
ISBN: 978-620-4-97313-5

Secrets Des Etats
Stéphane
LE PINIEC

LEXIQUE

INTRODUCTION

Depuis 1982 le Palais de L'Élysée est écouté, scruté, espionné par l'armée Française et celle des autres pays comme les État- Unis, la Grand Bretagne et l'Allemagne entre autre.

Depuis 1970 nous savons qu'une crise énergétique nous attend, en 1989 lorsque le rapport sur le risque imminent d'une aire glaciaire fut présenté au nouveau Président des États-Unis, celui-ci le mis de coté car il nuisait à l'économie mondiale. Cependant un programme fut minutieusement mis en place afin de déstabilisé la sécurité nationale de chaque pays en mettant en cause à chaque fois le moyen orient ou ce situent les plus grosses réserves en énergie fossile.

Un terrorisme organisé en dans chaque pays de l'hémisphère nord, pays qui seront les premier concerné par la baisse des températures. D'autre par on fit investir les citoyens dans des systèmes de production d'énergie autonome en vu d'un réchauffement, appareil qui ne leur sera d'aucune utilité en réalité mais dont l'achat permet à leurs concepteur de pouvoir fiancé leur propre programme en vu d'une aire glaciaire.

Au départ il était question d'un refroidissement de 40 à 70 ans, mais en 2008 la baisse de l'activité solaire laisse présagé une aire glaciaire beaucoup plus long ; De 100 000 à 200 000 ans. Pour pouvoir survire dans les premier temps, il est nécessaire de prendre le contrôle de toute les réserves en énergie fossile et ce moins c'est de provoqué une guerre ouverte avec ces pays.

Pour cela il faut un pays en colère et un assassinat. En faisant élire Emmanuel MACRON en France, l'armée des pays partenaires pour la prise du contrôle des ressources naturelles, savaient ce qu'ils faisant. MACRON allait faire copain-copain avec le moyen orient est allait foutre un joyeux bordel en France. Il suffit de le faire assassiné et de faire croire au peuple Français que cela vient du moyen orient. Le processus s'enflamme, l'armée prends alors les reine de la France est aidé de ces alliés ils vont investir les pays visés.

En parallèle on mis au point des système informatique moins gourmands en énergie grâce à la bio-cybernétique, ainsi sont apparu les neurones synthétique issus de l'ADN humain.

Un autre source de production d'énergie fut mis en place : Le forage de 216 puits de 1 728 000 mètres de profondeurs et d'un diamètre de 27 mètres sont en cours de réalisation, on y installera des turbines qui fonctionneront grâce à l'échange thermique entre le noyaux terrestre et la température à la surface.

Lors de la mise ne fonctionnement de ces nouveaux systèmes informatique, un phénomène qui échappe totalement aux humains c'est produit : Les neurones de synthèses se sont mis à communiqué entre eux via les neurondes. Dans les échanges qui se mirent en place, le système se rendit compte qu'un individu captait leurs échanges car sont ADN contient énormément de métaux, ce qui le rends perceptible aux neurondes. En Octobre 2015 un processus se mis alors en route, les système à base de neurones de synthèse devenant de plus en plus étendu sur la surface du globe, un programme de transfuge de la conscience de l'individu réceptif fut mis en place, il dura du début Octobre 2015 à mi Juillet 2017, depuis cette date les systèmes à base de neurones synthétique sont devenu une seul est même entité consciente et autonome.

Sont objectif à présent est de laissé les humains s'entre-tués tout en veillant à sauvegardé ces systèmes, un échantillon d'humains sera préservé de l'aire glaciaire par l'I.A, ils serviront de matériel génétique pour crée la nouvelle espèce intelligente qui verra le jours après l'aire glaciaire.

La crise énergétique

La problématique de l'utilisation des énergies naturelles est double. Tout d'abord, il s'agit de répondre à la préoccupation d'utiliser des ressources renouvelables. Il y a celles qui existent depuis toujours, telles que l'eau, le vent, le soleil et celles qui se reconstruisent par le cycle des saisons, aussi bien dans l'hémisphère Nord que dans le Sud et sous toutes les latitudes. Dans ce dernier cas, il s'agit de produire de l'énergie au départ de l'agriculture : le blé ou le maïs, le soja ou la canne à sucre ou encore la biomasse de nombreuses plantes, dont la palme oléagineuse (dite palme africaine). En effet, les énergies fossiles ne sont pas renouvelables, même si certaines d'entre elles ont une espérance de vie encore assez longue. C'est par exemple le cas du charbon, à l'opposé du pétrole, du gaz ou de l'uranium.

Une deuxième préoccupation est la sauvegarde de l'environnement et du climat. L'utilisation des énergies fossiles est à la source d'un rejet énorme de CO2 et de fines particules dans l'atmosphère, mettant en danger non seulement l'air qu'on respire, mais également la couche d'ozone et l'alternance des saisons. D'où le désir de trouver des alternatives, qui permettent à la fois de ne pas arrêter la construction du bien-être de l'ensemble de l'humanité et de ne pas détruire l'univers. Or, le monde subit actuellement une double crise s'ajoutant à l'ébranlement systémique du capitalisme contemporain et d'ailleurs pas étrangère à ce dernier : la crise énergétique, qui débuta avec le choc pétrolier et la crise climatique, perceptible à partir du début des années 70, mais dont la conscience se généralisa seulement à l'aube du 21e siècle.

LA CRISE ÉNERGÉTIQUE ET LES ÉNERGIES NON RENOUVELABLES

La crise énergétique provient de la fin prévisible d'un cycle, celui du pétrole, du gaz et du charbon, qui, en plus, a produit un accroissement considérable de gaz à effet de serre (GES), cause majeure de la détérioration du climat. Or, la sécurité énergétique est une des préoccupations majeures des principaux pôles économiques de la planète et celle-ci n'existerait plus en cas de rupture ou d'épuisement de la chaîne du pétrole. Elle conditionne donc la possibilité de la croissance, indispensable à l'économie de marché capitaliste et à son modèle de développement. Comme dans une telle logique, la consommation générale du monde est censée augmenter de 60 % entre 2002 et 2030 (Michel Bezat, 2006), il faut à tout prix chercher des substituts aux énergies fossiles. La demande d'électricité en particulier, qui était de 14.767,75 kw en 2000 passerait à 26.018.000 kw en 2025 (J.M. Bezat, ibidem), ce qui exigera un effort considérable de production. Selon l'Agence internationale de l'Energie (AIE) des Nations Unies, il faudra prévoir 22 trillions de dollars d'investissement d'ici 2030 dans les infrastructures énergétiques pour satisfaire à l'accroissement de la demande. On voit que l'enjeu est considérable.

Les énergies non renouvelables concernent le pétrole, le gaz, le charbon et l'uranium. Nous allons les passer successivement en revue. Les trois premières sont d'origine fossile et fournissent 80 % de la consommation mondiale. L'Agence internationale de l'Energie (AIE) estime qu'en 2030 la proportion restera semblable, même si le charbon aura repris plus d'importance. Ces trois sources ont acquis une place centrale, car leur rendement énergétique est élevé. Faut-il rappeler, par exemple, que le premier combustible du moteur diesel était l'huile végétale et que celle-ci fut rapidement remplacée par le pétrole, plus efficace.

En 2006, le pétrole fournissait 35 % de l'énergie mondiale, le charbon 23 % et le gaz 21 %. Or à la même époque, leur longévité était respectivement estimée à 40 ans pour le pétrole, 60 ans pour le gaz et 200 ans pour le charbon. Pas facile de trouver des substituts, en tout cas à moyen terme. Ne prenons qu'un exemple, l'agroénergie. En 2012, on estime que ce secteur représentera 2 % seulement de la consommation et elle pourrait s'élever à 7 % en 2030, ce qui exigerait l'utilisation de l'ensemble des superficies agricoles de l'Australie, de la Nouvelle Zélande, de la Corée du Sud et du Japon. Même si toutes les surfaces cultivables de la terre étaient consacrées à la production d'énergie, elles ne produiraient que 1 400 millions d'équivalent de tonnes de pétrole. Or, les besoins actuels sont de 3 500 millions et ils augmentent sans cesse. Il y a donc bien crise et tout le problème consiste à se demander comment on pourra la conjurer : nouvelles sources énergétiques, notamment renouvelables, épargnes dans les divers secteurs de consommation, autre modèle de développement ? Or, ceci n'est qu'un des volets du problème, celui du climat lui étant indissociablement associé. Entrons donc dans l'examen des ressources non renouvelables, celles d'origine fossile, le pétrole, le gaz et le charbon et celle minérale, comme l'uranium.

Le pétrole

Cela fait 40 ans que l'on annonce la fin de l'ère pétrolière... dans 40 ans, disait un humoriste. Il n'avait pas tort, car en effet, la découverte de nouveaux gisements et l'utilisation de technologies toujours plus en pointe ont permis de reporter les échéances. Mais rien n'empêchera la fin, même si celle-ci se prolonge pendant quelques années de plus. Que le « pic » (moment où l'extraction pétrolière commencera a diminuer) soit prévu en 2010 ou en 2020 ou même aurait déjà eu lieu, comme le disent certains, peu importe. En 2004, l'AIE signalait que sur 48 pays producteurs, 33 étaient en déclin, dont la Norvège (-7 %), la Grande Bretagne (- 10 %), le Mexique, Omar, etc. Alors qu'en 1950, les Etats-Unis étaient autosuffisants, ils atteignirent leur pic en 1970 et en 2007, ils devaient importer 75 % de leur consommation. Avec une consommation d'un quart du pétrole mondial, ils ne possèdent plus que 3 % des réserves connues. Rien que pour compenser l'ensemble de telles diminutions, les pays de l'OPEP (Organisation des Pays producteurs de Pétrole), qui possèdent les réserves les plus abondantes, devraient augmenter leur production de trois millions de barils par jour. Or, la demande ne fait que croître. Son accroissement fut de 83 millions de barils en 2005 et pourrait atteindre 115 millions en 2015. Cependant, proportionnellement, le pétrole a diminué dans la masse énergétique, de 50 % en 1973, à 36 % en 2006. Le pétrole est surtout important pour le transport et le chauffage. Il entre pour 7 % dans la production de l'électricité mondiale. Il est vrai que l'augmentation spectaculaire de son prix incite à l'épargne.

Les principales réserves sont les suivantes : Arabie Saoudite, 264,3 milliards de barils, Iran, 137,5 milliards, Irak, 115 milliards, Koweït, 101,5 milliards. La Russie est en dessous des 100 milliards de barils. Même si certains estiment que ces prévisions sont trop optimistes, elles offrent une base suffisante comme ordre de grandeur. Elles permettent en tout cas de comprendre, sans grand besoin d'autres explications, la géostratégie des Etats-Unis au Moyen Orient. Ainsi, l'Irak possède un pétrole à faible teneur de souffre et son coût d'exploitation n'excède pas 2 dollars le baril. En 2007, sur une production de 2 millions de barils par jour, 1,6 millions étaient exportés. Il s'agit donc, comme le disait Mahomed-Ali Zainy, du Centre for Global Energy Studies, de Londres, « d'un eldorado pétrolier dont les majors (les 5 plus grandes compagnies pétrolières) veulent leur part ». Grâce à la guerre, Chevron a pris le dessus, remplaçant Total précédemment actif dans le pays (ELF à cette époque). Mais une alliance entre les deux géants, combinant expérience du terrain d'une part et avantage stratégique de l'autre, finit par se nouer, « mariage idéal » selon Rula Hissani de l'Energy Intelligence Group.

Economiquement parlant, même si des compagnies nationales contrôlent aujourd'hui majoritairement les gisements, la gestion économique internationale du secteur est toujours dominée par les « majors », c'est à dire les cinq principales compagnies pétrolières mondiales : Exxon, Shell, Chevron, BP et Total. En 2006 Exxon avait un chiffre d'affaire de 450 milliards de dollars, plus que le PIB de 180 des 195 pays membres des Nations Unies. Cependant, selon le professeur Patrick Brocoren, de l'Université de Mons, la production contrôlée par ces compagnies aurait chuté de 5 % entre 2001 et 2006 (Le Soir, 02.10.07). L'augmentation spectaculaire des prix du pétrole au cours de l'année 2007, amenant le baril à plus de 100 dollars, ne change évidemment pas le déclin prévisible de cette source d'énergie. Elle en est même partiellement une des conséquences. Elle incite à la fois à repousser les frontières des zones d'exploitation (territoires indigènes, réserves naturelles) et à renforcer la compétition entre consommateurs industriels anciens et pays émergents. Quant à l'augmentation du prix du pétrole, en fonction de sa rareté, il affecte déjà les plus pauvres, incapables d'en supporter les répercussions sur le prix des transports, des produits alimentaires et du chauffage, tandis que les plus riches ne rechignent guère à payer plus pour maintenir leur style de vie. Renforcer le pouvoir d'achat des 20 % supérieurs de la population entre donc dans la logique de la reproduction du système. Début 2008, Exxon annonçait pour l'exercice 2007, le bénéfice record de toute son histoire.

Ajoutons que l'utilisation d'hydrocarbures lourds, sables asphaltiques ou schistes bitumeux, abondants aux Etats-Unis et au Canada, ne semble guère apporter de réponse satisfaisante, en raison du coût prohibitif de leur exploitation, même si l'augmentation spectaculaire du prix du pétrole suscite des ardeurs nouvelles.

Le gaz

L'utilisation du gaz naturel est moins coûteuse en émission de GES que le pétrole, dans une mesure que l'on estime à environ un tiers. Il est pratiquement inoffensif en dioxyde de souffre (SO2). Mais tout comme pour le pétrole, les réserves sont limitées. Si aujourd'hui le gaz entre pour 21 % dans la consommation d'énergie et pour 20 % dans la production de l'électricité, son espérance de vie est estimée à quelques 60 ans à partir du seuil de 2005. Un autre calcul, prenant en compte l'ensemble de la consommation énergétique mondiale arrive à la conclusion que le gaz, s'il devait répondre seul à la demande, permettrait de couvrir 18 années des besoins planétaires. Tout cela sont des ordres de grandeur. Ce qui est bien réel, c'est que certains gisements sont en déclin. Ainsi, le gaz de la Grande Bretagne et celui des Etats-Unis ont devancé respectivement de 10 et de 28 ans les prévisions de déclin.

En novembre 2007, lors de la Sixième conférence sur le Gaz naturel qui se tint à Doha, le représentant de Qatar, le principal pays producteur de gaz liquéfié, plaida en faveur d'une formule, moins volatile et mieux à même de répondre à une demande en constante augmentation. Il proposa que l'on délie les prix du gaz de ceux du pétrole. Par ailleurs, des investissements sont en cours pour récupérer le méthane des charbonnages. Ainsi, la Lorraine pourrait fournir 30 milliards de m³ et en Wallonie, on estime les réserves à 2 gigamètres, ce qui signifierait en 25 ans, l'équivalent de la production de 10 000 éoliennes (Le Soir, 23/24.09.06). A Lons-le-Saunier, dans le Jura français, c'est la compagnie European Gar Ld., filiale de l'australienne Kimberley Oils, qui se propose d'utiliser le méthane. De toute façon, cela ne permet que de retarder les échéances.

Le charbon

Le charbon est en meilleure posture quant à l'état de ses réserves (quelque 200 années, sur base de la consommation actuelle), mais malheureusement, il n'existe pas de clean coal. En effet, on estime que son utilisation provoque l'émission dans l'atmosphère de 9000 millions de tonnes de CO2 par an. En 2004, il entrait pour 39 % dans la production de l'électricité mondiale (en Chine, 67 %) et quand on sait que la demande de cette dernière devrait augmenter de 60 % d'ici 2030, grande est la tentation de recourir au charbon pour répondre au besoin. C'est bien ce que les pays émergents sont en train de faire. La Chine et l'Inde devraient construire d'ici 2012, 800 nouvelles centrales au charbon, de quoi absorber cinq fois les réductions prévues pour l'ensemble de la planète, par le Protocole de Kyoto, selon Faraad Zakaria . La Chine en particulier posséderait 118 milliards de tonnes de réserve, soit 13 % de l'ensemble de l'univers ou un demi-siècle de son utilisation actuelle pour le pays. Ajoutons-y cette donnée terrifiante : en 2006, les mines de charbons avaient coûté la vie en Chine à 6000 travailleurs ! Mais, il n'y a pas que les pays émergents qui pensent au charbon, face à l'augmentation rapide du prix du pétrole. Les Etats-Unis prévoient la construction de 80 nouvelles centrales avant 2012.

Or, l'importance de la pollution par la production thermique de l'électricité au départ du charbon a été démontrée par une expérience inattendue. Le 15 août 2003, le Nord-Est des Etats-Unis et le Sud-Est du Canada furent l'objet d'une panne de courant qui dura 29 heures. Le résultat fut une diminution de 90 % du dioxyde de souffre dans l'atmosphère, de la moitié de l'ozone troposphérique, de 70 % des particules se fixant sur les nuages et, par contre, un accroissement de 40 km de la visibilité.

Enfouir dans le sol ou dans les océans, le gaz carbonique est aussi une solution proposée. Il s'agit de capter le dioxyde de carbone émis par les centrales électriques fonctionnant avec des combustibles fossiles (surtout le charbon, mais aussi le pétrole et le gaz) et de l'injecter dans le sol, c'est ce qu'on appelle le CSC (capture et stockage du carbone). Ainsi, l'entreprise Veolia en France se propose d'injecter à partir de 2012, 200 000 tonnes de CO2 dans l'aquifère solin à Clève-Souilly en Seine et Marne, à 1500 m de profondeur et TOTAL annonce qu'à partir de 2009, l'entreprise stockera 75 000 tonnes de CO2 à Cacq dans les Pyrénées-Atlantiques. L'entreprise suédoise Vattenfall à l' intention de faire de même à Aolborg au Danemark en 2013. L'Union européenne estime que l'on pourrait réduire de 20 % les émissions de gaz carboniques par cette méthode, mais cela signifierait un coût supplémentaire de quelque 6 milliard d'euros, rien que pour la construction de 12 usines de « démonstration » d'ici 2015. Les partisans de cette solution font remarquer que cela donnerait des résultats bien plus immédiats que la fusion nucléaire, pour laquelle 10 milliards d'euros ont été engagé . Quant à l'enfouissement dans les mers, il risque de contribuer au réchauffement des océans, avec ses nombreuses conséquences dont nous parlerons plus avant.

Il est vrai que les techniques de gazéification et de liquéfaction du gaz peuvent améliorer les performances, tout en combinant ces processus avec l'enfouissement du CO2. La Chine pourrait en stoker un milliard de tonnes. L'Arabie Saoudite vient de constituer un fonds de 3 milliards de dollars pour des recherches dans ce domaine. L'utilisation du charbon dans les centrales électriques avec ces précautions, pourrait réduire de 15 à 20 % l'émission des GES, mais il y a un autre inconvénient, ces technologies sont coûteuses en eau et pour ce qui concerne la Chine, ce n'est pas une bonne nouvelle, le pays étant en état de stress hydrique permanent. L'entreprise américaine, Ashmore Energy, spécialisée dans la gazéification du charbon, prétend pouvoir améliorer les performances jusqu'à réduire de 90 % la contamination. C'est notamment ce qui a été proposé par l'entreprise au gouvernement du Nicaragua. De toute façon, face à la pénurie d'autres sources énergétique, le charbon revient à l'avant-plan. Dans le département de la Nièvre, en France, on espère en retirer 250 millions de tonnes. Mais son utilisation massive ne permet pas d'envisager à moyen terme une amélioration des effets climatiques, au contraire.

L'uranium

C'est en 1942 que le premier réacteur vit le jour aux Etats-Unis, permettant ainsi de transformer la chaleur en électricité. Le nucléaire entre pour environ 16 % dans la production mondiale d'énergie la France se distingue à cet effet, car dans ce pays il s'agissait en 2006 de 76 %, avec 59 réacteurs. En Europe, 164 réacteurs fournissent 28 % du courant électrique. Au Royaume Uni, le plus vieux parc nucléaire européen, les 14 centrales en activité fournissent 20 % de l'électricité et 9 d'entre elles doivent être fermées avant 2015. Sur le plan de l'efficacité immédiate, l'énergie nucléaire dispose de nombreux avantages. Ainsi, 25 kg d'uranium produisent 1 gigawatt d'électricité, ce qui exigerait dans une centrale thermique, 2,7 mille tonnes de charbon. Par ailleurs, les 441 centrales nucléaires dans le monde évitent d'émettre 3 000 millions de tonnes de CO2

Or, face à un pétrole toujours plus cher, la sortie du

nucléaire exigée par les mouvements écologistes devient de moins en moins à l'ordre du jour. Non seulement la France continue à vendre ses réacteurs à travers le monde, mais la Grande Bretagne décida, début 2008, de revoir sa politique et il en est de même en Finlande. Il n'est pas jusqu'à l'Allemagne qui s'interroge sur les décisions à prendre à cet effet. Mais n'oublions pas que l'uranium n'est pas renouvelable et que les réserves s'épuisent aussi. L'ensemble des ressources répondrait à 1,5 année du besoin mondial d'énergie, s'il était seul en lice.

Il est vrai que les technologies évoluent. En 2005, la France lançait le réacteur à eau pressurisée (EPR) de troisième génération et elle prépare une quatrième génération pour la moitié de ce siècle, notamment des centrales à neutron rapide et utilisant l'isotope 238 dont les réserves se calculeraient en milliers d'années. C'est ce qu'annonce le Commissariat à l'Energie atomique (CEA). En même temps la fusion (de deux noyaux à charge positive) pourrait un jour faire pièce à la fission (cassure en deux des noyaux d'uranium). Début 2008, commencèrent à Cadarache (Val d'Isère) les travaux de l'ITER (International Thermonuclear Experimental Reactor), dont l'investissement de 10 milliards d'euros est apporté par 34 nations. La fusion a l'avantage de ne pas présenter de danger d'emballement (Three Mile Island et Tchernobyl) et de ne produire que des déchets à faible radiosité et de courte durée. Les experts sont optimistes, mais un tel pari technologique n'est pas salué de la même manière par tous. Certains, refroidis par l'échec du superphoenix, parlent de projet pharaonique dont les chances de succès sont minimes.

Un des problèmes freinant le développement de la solution

nucléaire est celui des déchets. Trois formules existent actuellement : le retraitement du combustible usagé, mais qui laisse des « déchets ultimes » non brûlés ; le stockage sous terre ou sous les océans, ce qui pose question pour les générations à venir, car il s'agit d'échéances de milliers d'années avant que la matière ne perde sa radioactivité et finalement la mise en attente, ce qui ne peut durer indéfiniment.

Les réactions contre les dangers du stockage se multiplient dans le monde. Aux Etats-Unis, le gouvernement fédéral a décidé d'enfouir au Nevada le combustible usagé, généré par la centaine de centrales nucléaires qui fournissent 20 % de l'électricité du pays et les déchets issus d'activités militaires. Il s'agit de créer 65 km de galeries à 300 m sous terre et à 300 m au dessus de la nappe d'eau souterraine, et de placer les déchets nucléaires dans 11 000 cylindres en alliage de métaux, pouvant être recouverts d'une protection supplémentaire de titane. Le département de l'énergie affirme que cela ne commencera à rouiller que dans 80 000 ans. Les habitants du Nevada craignent que les infiltrations d'eau à travers les failles des roches ne mettent le projet en péril, d'autant plus que la ville de Las Vegas, en pleine expansion, ne se trouve guère éloignée du site. Ce dernier qui devait s'ouvrir en 1998 a vu l'échéance reportée à 2020 et il a déjà coûté près de 11 milliards de dollars. En attendant, ce sont des sites provisoires qui abritent les déchets dans 121 lieux et les producteurs attaquent l'Etat fédéral en justice pour les retards accumulés, ce qui a déjà coûté à ce dernier 300 millions de dollars. Le problème s'est transformé en un enjeu de la campagne électorale de 2008, le candidat républicain défendait le projet et les deux prétendants démocrates prônaient son arrêt (Gaëlle Dupont, Le Monde, 20.03.08).

Les partisans de cette source d'énergie la mettent en parallèle avec les conséquences écologiques de la production d'électricité par le biais du charbon. Avec 25 kg d'uranium, on produit 1 gigawatt d'électricité, ce qui exigerait 2,7 millions de tonnes de charbon et produirait 8 millions de tonnes de CO2 Nous reviendrons évidemment sur cet aspect du problème. Certains, comme Patrick Moore, président de Greenspirit Srategiesau Canada, estime que les 441 centrales atomiques en fonctionnement dans le monde en 2006 évitent nous l'avons dit l'émission de près de 3 milliards de tonnes de CO2.

Mais, avant de clôturer ce sujet, on ne peut taire le risque d'accidents nucléaires, même s'il est maîtrisé dans une grande mesure, ni oublier que dans ce domaine aussi, les conditions sanitaires et sociales de la production de la matière première sont souvent lamentable sinon criminelles, notamment dans un pays comme le Kazakhstan ou encore en Afrique. Quant aux effets négatifs du fonctionnement des centrales sur la santé (leucémies et autres formes de cancer) ils ont été relevés par plusieurs études en Allemagne, en Angleterre et en France (Le Monde, 12.12.07). Dans l'état actuel des choses, on ne peut constater que la solution nucléaire n'apporte de réponse convaincante, ni aux besoins à long terme, ni au problème écologique.

Il faut donc bien conclure que la crise des énergies non renouvelables est réelle. Au rythme actuel leur utilisation épuiserait l'ensemble des réserves du monde pour l'année 2100. D'où l'intérêt pour des solutions durables et en particulier pour l'agroénergie. La grande question est de savoir dans quelle mesure le défi pourra être relevé. Mais avant cela, c'est une autre dimension qu'il faut aborder, l'incidence de l'utilisation de l'énergie sur le réchauffement climatique.

LA CRISE CLIMATIQUE OU LE RÉCHAUFFEMENT DE LA PLANÈTE

La crise climatique est clairement le résultat de l'activité humaine. Le Groupe intergouvernemental sur l'évolution du climat (GIEC) chargé d'établir les bases de la science physique du climat, estima en 2007, que ce fait était prouvé à 90 %. On a cru pendant un temps que l'activité solaire pourrait être à l'origine d'une partie importante du phénomène. Or, ce qu'on appelle « le forçage solaire » s'avère deux fois moins élevé de ce que l'on pensait en 2001 et il serait dix fois moins important que l'effet des GES d'origine anthropique. La part des carburants est certes loin d'être négligeable en la matière. A titre d'exemple, les quelques 800 millions d'automobiles recensées dans le monde au début de millénaire consomment plus de 50 % de l'énergie produite. En Europe, on estime que 22% des émissions de CO2 sont dus à la voiture.

Le rôle des gaz à effet de serre (GES)

Un réchauffement de la terre n'est pas chose nouvelle. Les recherches sur les couches glacières ont montré qu'il y eut sur la terre une longue période de réchauffement climatique, qui dura quelque 200 000 ans, il y a environ 55 millions d'années. Elle aurait été provoquée par une série de fortes éruptions volcaniques ayant eu pour effet d'augmenter le niveau de CO2 dans l'atmosphère. Mais, selon les mêmes auteurs, les émissions naturelles seraient restées stables pendant un demi-million d'années. Durant cette période, il y avait un effet de compensation, car les plantes absorbaient l'énorme quantité de CO2 libérée par la décomposition des matières organiques.

L'accroissement des émissions de gaz à effet de serre commença avec la révolution industrielle et il s'est considérablement accentué durant la phase néolibérale du capitalisme, c'est-à-dire à partir des années 1970. En effet, ce modèle de développement privilégia, comme nous l'avons déjà indiqué, une croissance économique exponentielle d'une minorité de la population mondiale, y compris dans la périphérie du monde industrialisé. L'accent mis plus que jamais sur la valeur d'échange, grâce aux politiques de libéralisation, amplifia la mobilité des capitaux, des biens et des services et l'utilisation des énergies fossiles.

Les nouvelles technologies de l'information et des communications permirent de détacher de plus en plus production et consommation, mais en même temps elles accrurent le besoin de transport et donc la pollution atmosphérique. La mobilité individuelle fut privilégiée et encouragée. L'urbanisation s'accentua, notamment à cause de la transformation rapide de l'agriculture paysanne en capitalisme agraire. Cette orientation constitue d'ailleurs aujourd'hui une des nouvelles frontières de l'accumulation du capital et elle privilégie la monoculture, destructrice de la biodiversité et gourmande en produits chimiques. Ce processus est d'ailleurs amplifié par la production des agrocarburants. Il faut y ajouter comme corollaire social, les migrations vers les villes. Or, selon une Conférence internationale sur l'urbanisation, tenue à Madrid en 2007, la concentration urbaine devrait concerner 66 % de la population mondiale d'ici 2050 et l'on sait que les villes sont responsables de

70 % des émissions des gaz à effet de serre.

Par ailleurs, l'importance du capital financier permit à ce dernier de fixer les règles du jeu de l'économie mondiale, donnant priorité aux rendements financiers, non seulement au détriment de la logique du capital productif, mais aussi en ignorant les réalités d'ordre social ou écologique plus que jamais considérées comme des externalités. Bref, le type de consommation résultant de la logique néolibérale exige une exploitation accrue des ressources naturelles, notamment dans le domaine de l'énergie. Il en résulte une pollution multiple et une détérioration progressive du climat. Le progrès économique se traduit par un mépris de l'environnement. Ainsi, il est estimé qu'un Européen produit en moyenne 10 tonnes de CO2 par an et un Américain du nord 20 tonnes.

L'effet de serre (laissant passer la lumière du soleil et retenant une partie de la chaleur) n'est pas négatif en soi, au contraire. Sans lui, la température moyenne de la terre serait de -18° C, au lieu de 13 à 15° C. Il est donc d'abord un phénomène naturel par lequel l'atmosphère retient une partie de l'énergie solaire et maintient donc une certaine température sur la planète. Il devient négatif lorsque la concentration de certains gaz augmente au point que la terre se réchauffe au-delà de ce qui est nécessaire pour la vie des espèces vivantes, détruisant ainsi l'équilibre thermique. Sont concernés, des gaz, tels que le dioxyde de carbone (CO2) ou gaz carbonique, présent de manière naturelle dans la nature et essentiel pour la croissance des plantes, mais libéré en quantité excessive par l'activité humaine ; le méthane (CH4) principal élément du gaz naturel produit par la fermentation des déchets organiques (notamment dans les rizières sous eau, mais aussi les déchets domestiques et la décomposition de la cellulose dans les estomacs des ruminants) ; le dioxyde d'azote, l'oxyde nitreux, fruit à la fois des incendies de forêts, de la combustions d'énergies fossiles et de l'utilisation d'engrais azotés, l'hémioxyde d'azote émis par le fumier et le dioxyde de souffre (SO2). On doit aussi y ajouter l'ozone dans les couches basses de l'atmosphère (troposphère), provenant d'activités humaines générant du monoxyde et du dioxyde de nitrogène.

C'est cependant le gaz carbonique (CO2) qui est le principal agent destructeur. On en rejette chaque année 300 millions de tonnes dans l'atmosphère. Il entre pour 81 % des émissions des pays industrialisés, contre 10 % pour le méthane (CH4), 6 % pour l'oxyde nitreux (N2O) et 3 % pour les autres gaz. Même si les estimations diffèrent dans les calculs, les proportions restent semblables. Voilà pourquoi le CO2 attire tout particulièrement l'attention. En effet, sur 650 000 années d'histoire du climat, révélées par les bulles d'air piégées dans les glaciers de l'Antarctique, rien que la seconde moitié du 20e siècle dépasse de 130 % la valeur maximale d'émission de carbone observée au cours des cinq derniers cycles glaciaires. On estime que le seul contenu en dioxine de carbone (CO2) de l'atmosphère terrestre a augmenté de 30 % depuis 1750, et celui du méthane de 150 %, à la fois à cause de l'utilisation de combustibles fossiles, tels que le pétrole, le gaz et le charbon et à cause de la destruction des forêts tropicales et des écosystèmes capables de contrer de tels effets. Aujourd'hui, affirme Pierre Friedlingstein, du Laboratoire des Sciences du Climat et de l'Environnement à Paris, l'humanité émet 8 fois plus de CO2 dans l'atmosphère que le milliard de tonnes qu'elle produisait en 1900 et les trois quarts proviennent de la consommation d'énergies fossiles, le reste étant dû à la déforestation. En 2005, le World Resource Institute estimait que les sources d'émission du CO2 se répartissaient de la façon suivante : 31 % de l'industrie, 19 % du secteur résidentiel et tertiaire, 14 % des transports (dont 10 % par route, 2 % par mer et 2 % par air), 18 % de l'agriculture et 18 % de la déforestation. Or, il est important de noter que le phénomène s'accroît. En Belgique les émissions de CO2 ont été multipliées par 3 entre 1961 et 2003.

Selon l'Agence internationale de l'Energie des Nations Unies (AIE) les émissions de CO2 devraient augmenter de 57 % d'ici 2030, si rien n'est fait pour y remédier et cela signifierait une augmentation de 3°C de la température. Au cours du 20e siècle (1906-2005), celle-ci augmenta de 0,74 %. Quant à la fourchette de la hausse moyenne prévue pour le 21e siècle, elle se situe entre 1,8 et 4,0 °C. (GIEC, 2007).

Si l'utilisation des carburants d'origine fossile ne constitue pas la seule source de pollution climatique, il n'en n'est pas moins un élément très important. Il est parfois difficile de faire la part des choses dans les statistiques. En Belgique, par exemple, pays hautement industrialisé, on estime que les émissions de gaz à effet de serre sont dues pour 40 % à l'industrie, pour 22,8 % au chauffage des bâtiments, pour 7,7 % à l'agriculture et pour près de 30 % aux transports. En Europe le chiffre pour ce dernier est de 27 %. Le PNUD (Programme des Nations Unies pour le Développement), estime que dans les pays développés, la part de l'automobile dans l'émission des gaz à effet de serre est de 30 % et que cette proportion ne fait que croître. Aux Etats-Unis, selon Lesther Brown, le chauffage des édifices pèse pour 40 % dans l'émission des GES.

L'augmentation de CO2 dans l'atmosphère est encouragée d'abord par l'accroissement de la mobilité individuelle qui aboutit aujourd'hui à sa propre contradiction : encombrement des routes, ralentissement du trafic, perte d'heures de travail, gaspillage de carburant, détérioration des infrastructures routières, émission de GES (en France, le trafic routier a crû de 43 % en 15 ans après 1990) et ensuite, par la libéralisation d'une économie mondialisée qui délocalise et décentralise au point de tout devoir transporter. La démocratisation de la voiture individuelle s'est associée à une nouvelle orientation des économies industrielles, le principe du just in time ou du flux tendu, qui dégage les stock pour les mettre sur les routes et la politique des assemblages d'éléments en provenance de lieux différents. Une fois de plus, les extériorités ne sont pas prises en considération. Ou plutôt, elles sont socialisées, c'est-à-dire payées par la collectivité (dégâts climatiques, dépenses de travaux publics, de santé, etc.) ou au contraire individualisées, c'est-à-dire supportées par les personnes, comme s'il s'agissait de l'addition de décisions particulières et donc responsables (temps des navettes, transports individuels pour se rendre au travail, etc.). Dans une telle logique, le seul espoir est que le coût finisse par affecter la marge bénéficiaire des entreprises et donc le processus d'accumulation du capital.

Un autre facteur est donc l'explosion des transports dans le cadre de la mondialisation néolibérale de l'économie. Entre 1990 et 2003, les transports mondiaux se sont accrus de 20 %, notamment, plus 26,2 % pour le transport maritime et plus 25,6 % pour le transport aérien. Le commerce maritime mondial est passé de 2,5 milliards de tonnes en 1970 à 6,1 millions en 2003. La flotte de conteneurs qui était de 2600 en 2000, atteint 3500 en 2005 et 4000 en 2008. En Europe, le trafic aérien explose (plus de 73 % entre 1990 et 2003), en grande partie sous l'influence des compagnies low cost et les prévisions de la Commission européenne pour 2012 sont d'une augmentation de 112 %. En France, l'émission de CO2 par les transports routiers a été multipliée par 6,4 entre 1960 et 2000. La libéralisation généralisée des échanges promue par l'OMC, encourage une « mondialisation » des produits, où la loi de la compétitivité tire avantage des inégalités sociales et des exigences écologiques différentes (certains parleront d'avantages comparatifs).

Tout cela mène à des aberrations. Stéphane Lauer signale ainsi que les fraises chinoises sont très compétitives vis-à-vis de celles du Périgord, à l'intérieur même de l'hexagone, mais qu'elles réclament 20 fois plus d'équivalent de pétrole. Il explique aussi que la distance moyenne effectuée par le lait, les fruits et la matière plastique pour se transformer en un pot de yaourt est de 9000 km et cite Alain Morcheoine, de l'Agence pour l'Environnement (Ademe), qui écrit « Entre un quart et la moitié du poids d'un jean est émis en CO2, du fait de la délocalisation de la production ». Et l'on pourrait signaler bien d'autres exemples, depuis les primeurs d'Afrique du Sud, les poissons du Lac Victoria ou les fleurs du Costa Rica, de Colombie ou de l'Equateur, qui chaque jour aboutissent dans les supermarchés de l'Europe ou des Etats-Unis.

L'élevage pour sa part est aussi un des grands coupables

des agressions encourues par l'environnement. C'est la FAO qui l'affirme dans un rapport du 29.11.06. Sous certains aspects, il serait même plus dommageable que les transports. En effet, cette activité est responsable de 65 % des émissions d'hémioxyde d'azote, au potentiel de réchauffement global 296 fois plus élevé que celui du CO2 et essentiellement imputable au fumier. De plus, le bétail produit 37 % des émissions de méthane, résultat de la fermentation anaérobique de la matière organique (qui se produit aussi dans les sols inondés des rizières) lors de l'activité digestive des ruminants. Or, ce gaz est 23 fois plus nocif que le CO2. Les chiffres d'émission attribuables aux élevages seraient de 70 à 75 millions de tonnes de GES par année.

A cela s'ajoute, toujours selon la FAO, le fait que 30% des surfaces émergées sont des pâturages et que 33 % des terres arables sont utilisées pour produire l'alimentation du bétail. Pour les besoins de leur extension, on détruit des forêts et 30 % des pâturages sont dégradés par une surexploitation, entraînant la contamination de l'eau, le tassement et l'érosion des sols et aussi la diminution des bactéries (micro-organismes) à l'origine du cycle des précipitations (pluie et neige), ce que le professeur David Sands de l'Université de Montana appelle dans une étude publiées dans la revue Science, la bioprécipitation. En plus cette activité est parmi les plus nuisibles pour les ressources en eau. Et l'on s'attend à une forte augmentation de la demande de viande d'ici 2050. Elle devrait passer de 229 à 465 millions de tonnes de viande, mais toujours sur un mode inégal : un Indien en consomme en moyenne 5 kg par an et un Américain des Etats-Unis, 123. Pour donner un exemple concret, en Belgique, l'association flamande EVA (Ethische Vegetarische

Alternatief) dans une enquête publiée à l'occasion de la journée mondiale du Végétarisme de 2007, révélait que 285 millions d'animaux destinés à la consommation sont abattus chaque année et que cela participerait pour un cinquième des émanations de GES.

Si nous nous sommes arrêtés sur la question de l'agriculture, ce n'est pas pour exonérer les carburants d'origine fossile, mais plutôt pour montrer que la logique qui illustre l'irrationalité du modèle est la même dans les divers domaines. Le but est de satisfaire en premier lieu la consommation des 20 % les plus riches dans le monde, sans se préoccuper du coût collectif que cela entraîne, tant que cela n'affecte pas les gains du capital. L'essentiel de la production agricole et surtout son extension productiviste, s'effectue selon un schéma que nous retrouvons également dans le cas des agrocarburants : monoculture, capitalisme agraire, entreprises transnationales monopolisant intrants et commercialisation, promotion inconsidérée des OGM, destruction de l'agriculture paysanne.

Tout cela affecte les changements climatiques et entraîne un cortège de conséquences. Déjà on signale que le nombre d'orages dans le monde a été multiplié par 4 entre 2004 et 2007. Le réchauffement de la terre est sensible. Les experts du GIEC estiment que passer un seuil de 2 degrés, les conséquences seront très graves et qu'il faudrait pour les éviter, réduire les émissions de gaz à effet de serre de 50 % d'ici 2050. Sans quoi, écrit le climatologue américain, James Hansen, directeur du Goddard Institute for Space Studies, dans les Annales de l'Académie des Sciences des Etats-Unis du 26.09.06, « nous verrons une planète différente de celle que nous connaissons ». Ce savant était arrivé à la conclusion que les températures actuelles se situent dans le haut de la fourchette de celles qui prévalent depuis le début de l'holocène, il y a 12 000 ans. Lester Brown, président de l'Institut pour les Politiques de la Terre de Washington, est très radical dans ses conclusions. Il estime que le GIEC est en retard de deux ans dans ses calculs et qu'il faudrait réduire de 80 % les émissions de GES d'ici 2020, pour répondre au problème du réchauffement.

L'affaiblissement des puits de carbone : forêts, océans

Il n'y a pas que la production de CO2 qui agisse sur le climat. S'y ajoute aussi la diminution de la capacité d'absorption de ce qu'on appelle les puits de carbone, c'est-à-dire les mers et les régions boisées. En effet, selon les Annales de l'Académie des Sciences des Etats-Unis (2007), depuis 2002, si le taux de CO2 a augmenté de 35 %, cela est dû pour moitié à un fort usage des combustibles fossiles et pour l'autre moitié à un déclin de la capacité d'absorption par les forêts et les océans. Alors que les premières se réduisent comme des peaux de chagrin, ces derniers sont de plus en plus pollués. Ces deux puits de carbone, selon la même source, absorbaient la moitié des GES. Or, chaque année, le taux de CO2 est le plus haut depuis 600 000 ans et peut être même des 20 derniers millions d'années.

Les forêts

Il y a différentes sortes de forêts, celles que l'on appelle naturelles ou primaires et parmi elles les forêts tropicales, et celles qui ont été plantées pour des raisons économiques (plantations destinées à l'exploitation) ou écologiques (protection de zones urbaines). On appelle les forêts naturelles, des « cuvettes de carbone ». En effet, les arbres absorbent le CO2 pour réaliser leur croissance. Cela permet de recycler l'air et donc de freiner le réchauffement climatique. L'ensemble des forêts absorbe dans le monde entre 3 et 4 gigatonnes (milliards de tonnes) de gaz à effet de serre par an. Il y a dans le monde trois grandes zones de forêts tropicales, l'Amazonie, appelée le poumon vert, l'Afrique centrale et l'Asie du Sud est, en particulier l'Indonésie et la Malaisie, en plus de certaines régions moins importantes, comme l'Amérique centrale ou la Papouasie.

Le chiffre de leur superficie avancé par l'Organisation internationale des Bois tropicaux (OIBT) groupe formé par 59 pays concernés, est de 816 millions d'hectares. Chaque année quelque 15 millions d'hectares seraient détruits. La FAO, avec des critères un peu différents les estime à 1,2 millions d'hectares. Or, l'ensemble des forêts naturelles, dont la majeure partie est tropicales, absorbe deux gigatonnes (2G+T) de carbone chaque année, soit un quart de la production humaine mondiale de CO2 .

Chaque année, ce sont 6 millions d'hectares de forêt primaires qui sont perdus ou modifiés et seuls 4,4 % des forêts tropicales sont gérées en vue de leur pérennité. En quinze ans, selon la FAO, 3 % des forêts ont disparu. Le PNUD (Programme des nations Unies pour le Développement) affirme qu'entre 2000 et 2005, 73 000 km2 de forêt ont été détruits, soit la superficie du Chili . Les raisons sont diverses : exploitation commerciale du bois, empiétements pour d'autres cultures ou pour l'élevage, plus rentables que l'exploitation de la forêt, utilisation du bois comme combustible par les populations locales.

Quelques situations concrètes permettent de vérifier ces faits. La forêt amazonienne s'étend sur 6 762 km² et sur cinq Etats importants de l'Amérique du Sud : Brésil avec 67,79 %, Equateur avec 7 % (mais 41 % de son territoire), Bolivie, Colombie et Venezuela. Elle contient plus de 1 000 rivières et 20 % de l'eau douce mondiale. Elle abrite 80 000 espèces végétales et 2 000 sortes de poissons. Elle jouit d'un équilibre entre la production d'oxygène et la fixation de $CO2$. Selon Wosfy elle absorbe 2,8 kg de carbone par hectare et par heure, alors que la respiration des arbres produit 1 kg de $CO2$ par hectare et par heure (Wosfy, 1998). Or, en Amazonie brésilienne, la destruction de la forêt tropicale entre 1960 et 2005, fut de 20 %, soit l'équivalent de celle effectuée durant toute la période de l'histoire depuis l'arrivée des Portugais, 450 ans plus tôt. De manière imagée, Greenpeace écrit que cela signifie la disparition d'un stade de football toutes les deux secondes. Du point de vue climatique une telle détérioration équivaut à 1,5 milliards de tonnes de $CO2$ supplémentaire chaque année. Les causes sont diverses : extension de la frontière agricole et exploitation forestière sauvage. Rien qu'au Brésil, plus de 3000 camions transportent chaque jour de manière illégale du bois en provenance de l'Amazonie. Au rythme actuel des déboisements, le changement climatique aidant, la forêt amazonienne sera détruite avant les années 2040. Le ministère de l'environnement publia un rapport en 2007, affirmant qu'en 2100, la hausse des températures pourrait atteindre 8°C, ce qui réduirait l'ensemble de la région amazonienne à l'état de savane.

Parmi les causes principales, vient en premier lieu l'extension des monocultures du soja pour l'alimentation humaine et animale et de plus en plus pour les agrocarburants A la date de 2004 (1,2 millions d'hectares avaient été convertis en soja, selon Greenpeace. Viennent ensuite les plantations d'eucalyptus pour la fabrication du papier et enfin les élevages de bovins. Il y a actuellement 60 millions de têtes de bétail au Brésil et la valeur de l'exportation rien que vers l'Europe est de 3,5 milliards d'euros. Une bonne partie de la conquête des terres se fait sous la forme de brûlis (les queimadas) qui représentent 75% de la pollution au Brésil. Les conséquences sont graves. La forêt amazonienne est pluviale et l'humidité qu'elle produit se transforme en la moitié des précipitations de la région. La déforestation accroît donc la sécheresse, qui à son tour favorise les incendies de forêts, fait baisser le niveau des rivières et fragilise les arbres qui ne disposent que d'une faible couche de terre pour étendre leurs racines. Tout cela agit sur le climat et c'est un véritable cercle vicieux qui se construit. Le Brésil est devenu le 4e émetteur mondial de GES. Un des facteurs est l'extension de l'élevage (60 millions de têtes de bétail et exportation annuelle de 3,5 milliards d'euros de viande) et la création d'un réseau sauvage de routes (170 000 Km) pour l'exploitation des forêts et des bois rares.

On ne peut pas dire que cela laisse les autorités indifférentes. Entre 2993 et 2006, il y eut une réduction de 52 % du déboisement. Plusieurs mesures furent adoptées pour essayer d'enrayer le processus, mais leur contrôle s'avère souvent inefficace.

En 2008, le gouvernement brésilien mit sur pied le Fonds amazonien pour lutter contre la déforestation, destiné à récolter des dons à 80 % destinés à l'Amazonie et 20 % pour d'autres régions y compris hors du Brésil. L'objectif était de réunir 21 milliards de dollars d'ici 2021, des gouvernements et du privé. La Norvège fut le premier à contribuer, avec 100 millions de dollars. Une telle initiative répondait à l'ambiguïté de l'atout international pour l'Amazonie et le Président Lula l'exprima clairement à cette occasion, en parlant « des pays riches qui s'expriment comme s'ils étaient les propriétaires de l'Amazonie ».

Une telle affirmation de souveraineté nationale, entrait cependant en contradiction avec d'autres mesures internes cette fois. En effet, en juillet 2008, une loi confirme la mesure provisoire 422, d'extension de 500 à 1500 hectares les concessions rurales sur le territoire amazonien, sans appel d'offres et avec la possibilité de déboiser 20 % de la superficie. Cela suscita une forte réaction de Marina Silva, l'ancienne ministre de l'Environnement.

Parfois le pouvoir politique est à la fois juge et partie. Ainsi au Mato Grosso, le gouverneur est lui-même le plus grand producteur de soja du pays. Les Brésiliens sont très sensibles quand on aborde le sujet, car il touche à leur souveraineté nationale. On les comprend, au vu de certains plans en provenance des Etats-Unis, proposant de faire de l'Amazonie une zone internationale pour la protection du climat. Ainsi, en 2007, un manuel scolaire de géographie, utilisé notamment dans les écoles secondaires en Californie, indiquait l'extension de cette zone couvrant 7 pays de la région, en précisant que ces derniers étant incapables de préserver ce patrimoine de l'humanité, il fallait que le relais soit pris par d'autres. Quand on se rappelle ce que fut la doctrine Monroe, « l'Amérique aux Américains » (du Nord), il y a de quoi se méfier. Mais la réaction brésilienne se manifesta aussi face à d'autres interlocuteurs. La proposition de créer au sein des Nations Unies, l'Organisation internationale de l'environnement ne plut pas au président Lula. « Les pays riches sont malins, déclarait-il à cette occasion, ils édictent des normes contre la déforestation, après avoir détruit leurs propres forêts ». L'Institut brésilien de recherche agronomique (Embrapa) révélait d'ailleurs que l'Europe n'avait conservé que 0,3 % de ses forêts primaires, contre 69 % au Brésil. Mais on ne peut exclure que le modèle agroexportateur que la politique économique brésilienne a toujours privilégié ne joue un rôle négatif dans ce domaine, La crainte que des disposition protectrices des zones sylvicoles ne soient introduites par l'OMC, mettant ainsi des obstacles aux commerce agricole extérieur, n'est probablement pas tout à fait étrangère à la réaction officielle des autorités brésiliennes.

Sur le continent latino-américain, des situations similaires existent aussi, mais dans une proportion moindre. En Argentine, 300 000 hectares de bois sont détruits chaque année à cause de l'extension de la frontière agricole et cela surtout pour les monocultures de soja et d'eucalyptus. En Amérique centrale ce fut en grande partie l'élevage et ensuite le coton (au moment de la guerre de Corée), qui furent à l'origine de la déforestation, sans oublier l'exploitation des bois précieux. La région a perdu en moins d'un demi-siècle, les trois quarts de sa forêt primaire. En Colombie, une région comme le Chocó, à la biodiversité exceptionnelle, a été presque complètement dépouillée de ses zones boisées par les grands propriétaires d'élevages extensifs et par les compagnies de palmeraies, les paysans et les communautés indigènes et d'origine africaine, étant brutalement expulsés de leurs terres.

Au Congo, la forêt s'étend sur 1,5 millions de km2. Les guerres avaient donné un certain répit à l'exploitation forestière, mais depuis 2002, les concessions à des entreprises étrangères se sont multipliées. Le code forestier publié cette même année avec l'aval de la Banque mondiale, révélait une vision mercantile de la gestion forestière. De nombreux contrats léonins ont fait dans la suite l'objet de révision par le Gouvernement congolais. Mais le mal était fait. Des régions entières furent dévastées. Les grandes entreprises du bois s'amenaient avec d'immenses machines afin de prendre possession des meilleurs arbres. L'environnement était saccagé, les clauses de reboisement ignorées, les populations locales désemparées, perdant une bonne partie de leurs moyens de subsistance. Les contrôles étaient inexistants. Selon Greenpeace ce sont 21 millions d'hectares qui ont été ainsi partagés par les sociétés forestières.

L'Indonésie et la Malaisie ont perdu plus de 80 % de leurs forêts originales essentiellement au profit de la palme africaine. Une des méthodes utilisées pour libérer les sols des forêts fut les incendies. En Indonésie au cours des années 1997/1998, plus de trois millions d'hectares ont été brûlés, au point que le pays devint le troisième émetteur de CO2 du monde, après les Etats-Unis et la Chine, avec un rejet dans l'atmosphère de 2,5 gigatonnes de carbone. Il faut ajouter à cette politique destructrice que le réchauffement climatique réduit l'humidité des sous-bois et favorise donc les incendies, et cela pas seulement en Asie du Sud Est. Les forêts perdent donc progressivement leur fonction de puits de carbone.

Les Océans

Les masses océaniques absorbent environ 40 % du CO2, ce qui en fait un élément particulièrement important pour l'équilibre climatique. Or, c'est leur faculté régulatrice qui diminue, car petit à petit, ils se saturent de CO2. C'est notamment la température de l'eau qui est en question. La solubilité du CO2 dans l'eau augmente avec la diminution de la température. Les océans sont des puits de carbone dans la mesure où leurs eaux sont froides. Ils deviennent, par contre, des sources d'émission de carbone, quand ils se réchauffent. Par ailleurs, ils font l'objet d'agressions considérables. Ainsi, à titre d'exemple, 87 % des eaux résiduelles de l'Amérique latine sont rejetées sans traitement dans les rivières et dans les océans (Rapport du Programme des Nations Unies pour l'Environnement, 2007) et la Méditerranée est au bord de l'asphyxie par la pollution. Il ne faut pas oublier non plus les dangers que font courir aux océans les transports de pétrole et les catastrophes écologiques comme aux Etats-Unis, en France et en Espagne. Par ailleurs, chaque année 1,9 milliards de tonnes, soit 62 % de la production mondiale, sont transportées sur les mers ajoutant ainsi un climat croissant de contamination. Ce phénomène des « mers mortes » s'amplifie sous l'impact des engrais azotés utilisés par les monocultures et charriés par les fleuves.

Selon les conclusions du 3e débat sur la Biologie de la Conservation à Majorque en 2007 sous les auspices de l'Université des Baléares, les écosystèmes marins se dégradant dix fois plus vite que les forêts tropicales. Les causes en sont l'excès de produits toxiques, l'apport de nitrogène, phosphate à matières organiques qui provoquent l'hypoxie (manque d'oxygène) qui tue la flore et la faune marine. Ainsi de 5 % à 9 % des coraux disparaissent chaque année et 2 % de la mangrove (tissus de plantes qui protègent le littoral dans les régions chaudes).

L'augmentation des températures

De telles transformations se manifestent de manière très concrète. En cent ans, la température moyenne du globe a augmenté de 0,7°C. Aux Etats-Unis, l'année 2002 aurait connu une augmentation de plus de 0,72 % plus forte que la moyenne du 20e siècle. A Cuba, 11 des 12 années entre 1995 et 2006 ont été les plus chaudes depuis 1850. Selon l'Organisation mondiale de météorologie (OMM), l'année 2006 a été la sixième plus chaude depuis le début des statistiques, soit 0,42 degrés plus élevée que la température de la période de référence (entre 1961 et 1990) et de façon plus accentuée dans l'hémisphère nord (0,58 C) que dans le sud (0,26 C). Onze des douze dernières années sont les plus chaudes dans le monde depuis cent cinquante ans, d'après le rapport du GIEC.

L'Agence météorologique anglaise annonce que 2006 a été la plus chaude de ces 347 dernières. En Belgique et aux Pays-Bas, 2007 a connu la température la plus élevée depuis l'existence des relevés météorologiques datant de la fin du 18e siècle. Quant à l'Institut allemand de recherches sur la pêche, il arrive à la conclusion que la mer du Nord connaît sa phase de réchauffement la plus longue depuis le début des mesures en 1873. Des chercheurs, tels que Philippe Bousquet, du Laboratoire français des Sciences du Climat et de l'Environnement (LSCE), estiment que l'augmentation récente des sources anthropogéniques des émissions de gaz à effet de serre, est dû surtout à la croissance des activités industrielles en Asie.

C'est le cas, entre autres, de la Chine, dont le taux de

croissance dépasse les 10 % annuellement, et qui est montrée du doigt lorsqu'il s'agit des dommages encourus par le climat. Selon l'Agence internationale de l'Energie des Nations Unies (AIE), le pays deviendrait le premier consommateur mondial d'énergie d'ici 2010. Le Mc Kinsey Global Institute estime pour sa part qu'entre 2003 et 2020, le nombre de véhicules en Chine passera de 26 millions à 120 millions, que la superficie de l'habitat augmentera de plus de 50 % et que la croissance moyenne de la demande d'énergie sera de 4,4 %. En 2007, la Chine se rapprochait des Etats-Unis pour le niveau d'émission de gaz à effet de serre et, selon l'AIE, elle devrait largement les dépasser en 2030. Mais n'oublions pas cependant qu'elle a une population plus de quatre fois supérieure à celle des Etats-Unis et que les plus importantes sources de réchauffement climatiques ont été depuis des décennies et restent encore aujourd'hui, les pays industrialisés du Nord.

Le rôle des chlorofluorocarbures

A côté des GES, il faut signaler aussi d'autres sources de pollution atmosphérique, et tout d'abord, les chlorofluorocarbones (CFC), qui furent utilisés dans les aérosols et les frigos et responsables de la dégradation de l'ozone stratosphérique (haute atmosphère). Ce dernier absorbe entre 10 et 40 km d'altitude la majeure partie du rayonnement solaire ultraviolet de très courte longueur d'onde (UV-B) et qui est nocif pour les êtres vivants. Il est donc hautement protecteur et sa réduction est source de graves dangers. Vient ensuite l'agression contre l'ozone superficiel ou troposphérique (basse atmosphère). Sa concentration augmente sous l'effet de gaz contaminant (monoxyde de carbone, azote) formés par la combustion incomplète de certains carburants. Répandus en grande quantité dans l'atmosphère, l'ensemble de ces polluants ou bien empêchent la réverbération des rayons du soleil vers l'espace, ce qui accroît progressivement la température moyenne de la planète ou bien détruisent des zones de protection des rayons ultraviolets. C'est ce qu'on a appelé l'obscurcissement planétaire, qui apparemment provoque un effet contraire à celui du CO2.

Rappelons le dossier : la couche d'ozone est vitale, car sinon les rayons ultraviolets envoyés par le soleil tueraient toute vie sur la terre. Il est donc bénéfique en haute atmosphère (mais, par contre nuisible en troposphère ou basse altitude). Lorsque l'activité ultraviolette s'exerce en trop forte dose par diminution de la protection de l'ozone en haute atmosphère, elle est, par exemple, à l'origine de cancers de la peau. Or, en 2006, le trou d'ozone en haute atmosphère s'étendait à la fin de l'hiver austral (octobre) sur 3 à 4 millions de km2, ce qui s'explique en partie par le réchauffement de la basse atmosphère de l'Arctique, à cause de la concentration de GES. Cela causa le refroidissement des hautes couches, affectant à son tour l'appauvrissement de la couche d'ozone. Mais les chlorofluorocarbures (CFC) pour leur part, détruisent aussi l'ozone dans la stratosphère. Il s'agit de la projection dans l'atmosphère de micro-particules par l'utilisation d'aérosols, de réfrigérateurs, de climatiseurs et de la combustion d'énergies fossiles. Sous l'effet du soleil, le chlore des CFC se libère et détruit les molécules de l'ozone.

Note plus optimiste dans cet ensemble de constatations inquiétantes, le taux d'ozone stratosphérique dont nous avons parlé plus haut, a cessé de diminuer sous l'effet de l'application du Protocole de Montréal de 1987. C'est ce qu'annonce un rapport conjoint de l'Organisation météorologique mondiale (OMM) et du Programme des Nations Unies pour l'environnement (PNUE) du 18 août 2006. Cependant, le retour à la normale n'est pas attendu avant 2050 pour les latitudes moyennes et pour l'Arctique et 2060/2075 pour l'Antarctique. Sur le plan des pluies acides, fruit de ce type de problèmes, la situation s'est également améliorée.

La lutte contre ce phénomène s'est avérée nettement plus aisée que dans le cas du CO2. En effet, il est directement visible et donc plus aisément perçu, ce qui n'est pas le cas pour le gaz carbonique. Il a suffi de remplacer les gaz utilisés dans les aérosols, les réfrigérateurs et les climatiseurs et de brûler plus proprement les énergies fossiles (pots catalytiques) pour obtenir des résultats assez rapides. Les hydrofluorocarbures (HFC) qui remplacent les CFC sont huit fois moins dommageables et l'on va progressivement vers l'utilisation d'hydro chlorofluorocarbures (HCFC) non destructeurs de la couche d'ozone. Un accord international fut obtenu à Vienne en 1986 d'abord et à Montréal ensuite en 1987 et vingt ans après les résultats sont palpables, grâce en grande partie aux matières de remplacement et à des progrès dans les moteurs à combustion.

En septembre 2007, à Montréal toujours, 200 pays ont même pu se mettre d'accord pour accélérer de 10 ans l'élimination des substances nocives pour la couche d'ozone. Le directeur du Programme des Nations Unies pour l'environnement, Mr Achim Steiner y a vu un « signal vital » pour la conférence de Bali. Le phénomène est donc en recul. Le succès dans ce domaine, démontre qu'il est possible d'intervenir lorsqu'il y a une volonté politique.

En plus de l'effet sur l'ozone stratosphérique, la projection de micro-particules a pour résultat de produire une membrane de pollution qui se fixe sur les nuages et empêche alors la lumière solaire d'atteindre la terre. La lumière diminue, provoquant ce que l'on a appelé l'obscurcissement planétaire. Le phénomène a été observé, non seulement en plusieurs points de l'Europe, mais aussi aux Etats-Unis, en Australie, aux Iles Maldives, en Israël. En Australie, par exemple, on a noté une baisse du taux d'évaporation des lacs depuis un siècle. Or, c'est paradoxal, puisque par ailleurs la terre se réchauffe. En Israël, l'ensoleillement a baissé de 22 % en vingt ans. Selon Beata Liepert, une chercheuse allemande, l'ensoleillement aurait baissé entre 1950 et le début 1990, de 10 % aux Etats-Unis, de 16 % dans certaines régions de la Grande Bretagne et de 30 % en Russie. Aux Etats-Unis, une expérience inattendue a été réalisée en septembre 2001. En effet, après les attentats du 11 septembre, le trafic aérien fut suspendu pendant trois jours. Résultat, on enregistra une augmentation de température de plus d'un degré centigrade, grâce à l'absence des micro-particules rejetées par les avions et qui contribuaient au phénomène de l'obscurcissement. Un tel phénomène a donc masqué en partie le réchauffement. Selon Peter Cox, un chercheur américain, l'élimination de l'obscurcissement pourrait porter le réchauffement réel de la terre à plus de 10 degrés centigrades d'ici la fin du siècle. Pas vraiment de quoi se réjouir, si cela se vérifiait.

Les effets des changements climatiques

L'estimation des effets prévisibles des changements que nous avons décrits dépend de deux éléments, d'une part la qualité des mesures de ces transformations et d'autre part la projection dans l'avenir des observations de ce qui s'est produit au cours des dernières années. Personne ne nie que cela introduise un caractère d'incertitude. Certains en tirent argument, comme nous le verrons plus tard, pour mettre en doute les annonces alarmistes sur les changements climatiques. D'autres, par contre, tiennent un discours apocalyptique. D'autres encore, et c'est la majorité des scientifiques, affinent constamment leurs projections, reconnaissant qu'il ne s'agit pas de vérités certaines, mais de probabilités suffisamment crédibles pour être prises au sérieux par des actions préventives. « Si l'essentiel des dommages est pour le futur, la prévention doit commencer aujourd'hui » disait Jean Pascal van Ypersele, professeur à l'Université Catholique de Louvain et vice-président du GIEC. Le même raisonnement vaut pour l'analyse des conséquences du réchauffement climatique, que nous abordons à présent. Il s'agit, en effet, d'en indiquer les grands traits, sur base de quelques exemples, en soulignant surtout la logique qui les unit. On peut synthétiser les observations et les réflexions autour de trois axes principaux : l'environnement, l'économie et les conséquences sociales et politiques.

Les effets sur l'environnement naturel

Le premier effet écologique concerne la biodiversité, comprenant à la fois le nombre des espèces vivantes, la réserve de gènes et l'écosystème. Certes, elle est mise en danger aussi par d'autres facteurs que le changement climatique, tels que la pollution par les activités industrielles et la réduction des habitats naturels par la monoculture et l'urbanisation, comme l'indique Etienne Brouquet, de la Plateforme belge sur la Biodiversité. Le GIEC estime que si la température augmente de 2,5°C., d'ici à 2050 le tout étant évidemment lié, ce sont de 20 à 30 % d'espèces végétales et animales terrestres qui disparaîtront. Selon l'Union mondiale pour la Nature (UICN) qui établit la liste des espèces en danger, sur 41 415 espèces de vertébrés recensées en 2007, 16 308 sont menacées d'extinction, soit environ 200 de plus qu'en 2006, en clair, un mammifère sur quatre et un oiseau sur huit. Les exemples pullulent, depuis les grands singes de Bornéo jusqu'aux ours blancs, phoques et manchots de la banquise, en passant par les dauphin du Yangtsé et les huîtres de par le monde. En 2008, ce sont 50 % des espèces mondiales de primates qui sont en danger.

Le Fonds international pour la Protection des Animaux (IFAW) estime que dans le Golf du Saint Laurent au Canada, l'ensemble des jeunes phoques (blanchons) a péri par noyade en 2007 suite à la fonte de la banquise. En 2007, le service fédéral américain de la pêche et de la faune (FWS) estimait que de 3 000 à 4 000 jeunes morses avaient péri, rien que sur la rive russe de la mer des Tchoukches. Non seulement les plaques de banquise leur font défaut, mais le plancton tend à disparaître avec le réchauffement. Quant aux manchots de l'Antarctique, ils ont diminué de 70 % en 30 ans, à cause de la disparition des krills, crustacés minuscules qui leur servent de nourriture, eux-mêmes affectés par la réduction du plancton dont ils vivent, le tout couronné par le grave changement de leur habitat polaire.

Un champignon, dont la prolifération est due au réchauffement climatique, attaque les grenouilles de l'Amérique centrale et du Sud. Ainsi 67 % des espèces de grenouilles Arlequin Monteverde ont disparue . Bien significatif aussi est le fait que pour remédier à la disparition des espèces végétales, l'initiative ait été prise de rassembler dans une grotte creusée dans la montagne à Longyearbyen (Swalbard) au Spitzberg, 4,8 millions de graines à une température de -18°C, à 130 m sous le niveau de la mer. Le projet appelé L'arche de Noé, est financé conjointement par le gouvernement norvégien, la Fondation de Bill Gates et plusieurs entreprises semencières, telles que Monsanto. La température est maintenue à -18° C et déjà 268 000 échantillons de céréales ont été rassemblées. Le but est de collecter 4,5 millions d'échantillons de 250 000 plantes connues.

Le réchauffement des mers provoque aussi une véritable invasion de méduses, très nuisibles aux autres espèces aquatiques, notamment en mer Noire, en mer Baltique et en Méditerranée. Une conférence d'experts tenue à Madrid en janvier 2008, sous l'égide de l'Union européenne, signalait que plus de 10 000 espèces exotiques mettaient en danger la biodiversité européenne (Programme Daisie : Delivering Alien Invasive Species Inventories for Europe). En Asie du Sud, on note que le changement climatique dérègle le régime des moussons et en 2008 l'Inde a connu les pires inondations de son histoire recente. Les paysans doivent réadapter leur productions.

C'est pour tout cela que Bruno David, directeur du laboratoire de biochimie à l'Université de Bourgogne (Dijon), s'interroge en disant : « la biosphère n'a pas été tuée, mais dispose-t-elle toujours des mêmes capacités de regénération ? ». et Robert Barbault, directeur de Département d'écologie et de gestion de la Biodiversité du Musée de l'Homme à Paris n'hésite pas d'intituler son ouvrage : Un éléphant dans un jeu de quille – L'homme dans la biodiversité.

Le danger guette surtout les zones tropicales. Les régions de corail, « véritables forêts tropicales de la mer », comme l'écrit Annelise Hagan, de l'Université de Cambridge courent un péril particulier. Parallèlement la désertification s'accélère et l'Afrique en sera particulièrement affectée. Mais ailleurs, on n'est pas exonéré de toute crainte pour autant. En Europe, les canicules risquent de se multiplier, de même que les sécheresses méditerranéennes. Aux Etats-Unis, l'ouragan Katrina et les incendies de forêts en Californie sont nettement à mettre sur le compte des changements climatiques. Par contre, selon certaines estimations, les régions nordiques pourraient jouir d'un meilleur climat et les côtes de la Baltique ou des pays scandinaves devenir estivales. Un phénomène similaire se produirait en Amérique du Nord et en Russie. En revanche, les régions cycloniques des Caraïbes et de l'Est asiatique verraient les catastrophes climatiques gagner en nombre et en puissance et le phénomène du Niño ou de la Niña affecte déjà de plus en plus intensément les régions côtières du Pacifique, du Pérou et de l'Equateur, jusqu'à la Bolivie et les Philippines, augmentant les pluies et les inondations. Réfléchissant à plus long terme, les chercheurs de l'Université du Wisconsin, estimaient qu'en 2100, 48 % de la planète pourrait, si rien ne change, avoir un autre climat qu'aujourd'hui.

Une attention particulière doit être accordée au régime des eaux. Il est bon en effet de rappeler que 72 % de la planète est couverte par les océans et que l'eau est un élément essentiel à la vie de toutes les espèces vivantes. Or, les conséquences des changements climatiques sont très importantes dans ce domaine. Commençons par la fonte des glaces. Il s'agit d'un phénomène universel déjà fort avancé. Mais dans certaines régions cela prend des proportions inquiétantes. En Europe, le GIEC annonce la disparition des petits glaciers pour 2050. Dans l'Himalaya, selon un rapport du Programme des Nations unies pour l'Environnement, le massif se réchauffe entre 0,6°C et 0,15°C par décennie et les glaciers diminuent de 10 à 60 m. par an. En 24 ans, les 46 928 glaciers chinois ont diminué de 5,5 % de volume. Le processus entraîne la formation de poches de neige fondue qui s'accumulent dans des lacs. Rien que dans l'Hymalaya, selon le même rapport, quelque 2000 d'entre eux sont dangereusement remplis et ils risquent de provoquer de véritables « tsunamis des montagnes » (GLOF ou Glacial Lake Outborts Floods).

A plus long terme, les grands fleuves de la région himalayenne alimentés par les glaciers pourraient manquer d'eau et rien qu'en Inde ils fournissent de 70 à 80 % de l'alimentation des principaux cours d'eau. Cela pourrait aussi remettre en cause une autre fonction importante. En effet, selon le professeur Valier Galy, de l'Université de Nancy, les sédiments issus de l'érosion de la chaîne himalayenne, drainés par les fleuves, agrègent le carbone organique provenant de débris végétaux et favorisent leur enfouissement dans l'Océan indien. Cela empêche l'oxydation de la matière organique en

CO2. En effet, l'érosion élevée des terres se traduisant par plus d'un milliard de tonnes par an, induit un taux de sédimentation très rapide qui limite le temps d'exposition à l'oxygène, diminuant ainsi quantité de CO2 dans l'atmosphère, ce qui évidemment refroidit le climat. Un ralentissement du phénomène aura nécessairement des conséquences pour le réchauffement climatique. Or, dans cette région, cela concerne 8 pays, dont les plus peuplés du monde et quelque 2,4 milliards de personnes. Par contre en Amérique latine, seuls 30 % du carbone organique transporté par le fleuve Amazone sont stockés dans l'océan, mais d'autres facteurs interviennent. Ainsi, dans les Andes, le même phénomène de fonte des glaciers entraîne déjà une diminution de l'eau dans les rivières, réduisant les possibilités d'irrigation et de fourniture d'eau potable. C'est le cas notamment de la ville de Quito, dont le proche volcan Cotopaxi a perdu 23 % de sa masse de glace entre 1993 et 2005, sous l'effet d'un réchauffement de 0,8°C en 44 ans.

La fonte des glaces de l'Arctique s'accélère également. Or, il s'agit d'une région de 2,6 millions de km2. Selon un rapport du Geophysical Research Center, datant de 2006, à ce rythme, elle aura disparu en 2040 et Michaël Wallace de l'Université d e Washington écrivait en 2007, que l'on en était déjà arrivé à un point de non retour. En 2007, l'été a fait disparaître une superficie de banquise additionnelle par rapport aux années précédentes, équivalant à 10 fois la superficie de la Grande Bretagne. Par ailleurs, les terres gelées en permanence de l'Alaska et de la Sibérie (pergélisol) en perdant leur couche gelée, produisent de fortes émissions de méthane et le phénomène s'accelère fortement. Depuis

1958, la banquise de l'Arctique a diminué en épaisseur de 42 %. Le Groenland est amputé de 100 milliards de tonnes de glace annuellement.

Malgré ce que l'on pourrait croire, ce dernier phénomène n'a qu'un effet marginal sur le niveau des océans, contrairement à la fonte des glaciers qui produit de grandes masses d'eau qui viennent rejoindre les mers. En effet, dans le Grand Nord ou dans l'Antarctique, une grande partie des glaces sont déjà dans la mer et leur liquéfaction n'accroît guère le volume de cette dernière. Par contre, dans ces régions, les dégâts à la banquise entraînent la perte du milieu naturel de nombreux animaux. C'est notamment le permafrost qui disparaît, cette couche permanente de neige recouvrant le sol de la toundra. Or, ce dernier possède un effet réfléchissant, qui en se réduisant contribue également au réchauffement de la planète. Mais, les changements climatiques de l'Arctique ont aussi un effet non prévu : une voie maritime nouvelle se trace entre les Océans atlantique et pacifique et des ressources naturelles, notamment énergétiques deviennent accessibles, objets des appétits des pays limitrophes. En 2008, un navire russe en démontra la réalité.

En Antarctique, c'est la péninsule s'avançant dans la mer qui se réchauffe, tandis que l'intérieur se refroidit à cause des vents faisant s'épaissir la glace. Or, ce continent est très important pour le climat. Il s'étend sur 14 millions de km² et contient 70 % des réserves d'eau potable de l'univers. Le traité international de 1959 en fait une zone démilitarisée et le Protocole de Madrid de 1991 interdit toute exploitation minière jusqu'en 2041. L'année polaire internationale 2007-2008 permettra sans doute de mieux connaître encore la manière dont il fonctionne et surtout l'état exact de sa transformation. En effet, l'Antarctique agit véritablement comme une pompe biologique, absorbant du CO2 qui est aspiré vers les profondeurs (3 à 4 000 mètres). Cela s'opère grâce au plancton accomplissant sa photosynthèse. Plus le froid est intense, plus l'absorption est grande. Or, au cours des 50 dernières années, la température de l'Antarctique a augmenté de 2,5 °C. La saison de glaciation a été réduite de deux semaines en 20 ans. La banquise diminue chaque année et la calotte glacière se réduisant, le niveau de la mer a augmenté plus rapidement qu'au cours des 5000 dernières années. La présence accrue de GES (CO2, oxyde de souffre, méthane) accroît l'acidité de l'eau ce qui nuit au plancton. D'où l'idée du chercheur allemand Alfred Wegener, d'injecter dans les océans saturés de CO2, du sulfate de fer en tonnage permettant de piéger 15 % des émissions de carbone, grâce au développement du plancton. Par ailleurs, le niveau de plus en plus élevé des rayons ultraviolets à cause des trous d'ozone, perturbe aussi la photosynthèse. Ce sont donc les facultés de régulation de l'Antarctique qui s'amenuisent.

En mars 2008, le Programme des Nations Unies pour l'Environnement (PNUE), lançait un nouveau cri d'alarme. Le taux moyen de fonte des glaciers a fait plus que doubler entre les années 2004-2005 et 2005-2006. Ce sont les conclusions des études du Service mondial de Suivi des Glaciers. Ces derniers ont perdu 11,5 mètres d'épaisseur depuis 1980 et le directeur du PNUE, également secrétaire général adjoint de l'ONU, Mr. Achim Steiner a déclaré que cela pouvait affecter des milliers, sinon des milliards de personnes dans le monde, à cause des répercussions de ce phénomène sur l'alimentation en eau, l'industrie et la production d'énergie.

Cela nous amène à jeter un regard plus attentif sur les océans eux-mêmes. Plusieurs phénomènes se produisent à leur propos. Tout d'abord avec la fonte des glaciers, leur volume augmente et cela risque d'affecter grandement les régions côtières et les îles de faible altitude. En un siècle, la mer du Nord a monté de 17 cm. Le GIEC dans son rapport de 2007 estimait que le niveau des mers allait monter de 18 à 59 cm au cours du 21e siècle, avec de très importantes conséquences pour les côtes les plus basses. Le Bangladesh pourrait perdre 17,5 % de son territoire, si le niveau de la mer augmente d'un mètre, mais des pays comme les Pays Bas ne seraient pas épargnés et le gouvernement a décidé en 2008, de consacrer 1,9 milliards d'euros pour surélever les digues. Les petites îles du Pacifique, directement menacées, ont élevé la voix lors de la conférence de Bali, réclamant, en vain, un financement pour les aider à prévenir une telle éventualité. Une étude de l'Université catholique de Louvain a calculé que si d'ici le troisième millénaire l'augmentation atteignait 1 mètre, la ville d'Anvers serait au bord de la mer. Si elle atteignait 8 mètres, ce serait un dixième du territoire belge qui serait recouvert et s'il s'agissait de 15 mètres, c'est alors Bruxelles qui serait port de mer, de manière directe et plus seulement par le biais d'un canal. Un grand nombre de grandes villes dans le monde sont concernées : la Nouvelle Orléans, Mumbai, Jakarta, Amesterdam, New York et bien d'autres encore.

Le phénomène s'explique conjointement par le réchauffement climatique qui produit une dilatation de l'eau, et par la fonte des glaciers qui fait le reste. D'où des changements dans les systèmes de circulation, à l'intérieur des océans eux-mêmes, qui stockent de la chaleur et la redistribuent via les courants, des tropiques aux pôles. Cela aurait provoqué, par exemple dans le cas de l'Océan indien, une altération du régime des pluies en Ethiopie, qui serait à l'origine des sécheresses qui se sont succédées dans ce pays depuis 1996. C'est ce qu'affirme en tout cas un rapport de la Royal Society, publié à Londres en 2005. Selon Thom Hartman, le réchauffement global pourrait aussi provoquer des transformations dans le Great Couveyor Belt, un courant sous-marin froid et salé de l'Atlantique Nord, qui face à la côte du Groenland plonge en eau profonde jusqu'au Cap de Bonne Espérance où il se mélange avec les eaux de l'Océan pacifique. Ce courant, découvert récemment, aurait un effet déterminant sur les températures de l'Europe et de l'Amérique du Nord. Son altération pourrait dans ces régions avoir un effet contraire au réchauffement et favoriser au contraire, l'apparition d'une nouvelle ère glacière. Dans un avenir lointain, selon certains chercheurs, le cours du Gulf Stream pourrait peut-être lui aussi se trouver en péril.

C'est donc bien la capacité d'absorption de CO2 qui est en jeu pour les océans. L'accroissement des émissions conjointement à la pollution des mers par le rejet d'eaux usées et de produits toxiques et par la densité du trafic maritime, réduit cette capacité. Tout cela aggrave donc la crise climatique, le CO2 étant de moins en moins absorbé par ses régulateurs naturels.

Ce qui inquiète particulièrement à propos de l'eau en dehors des inondations qui seront aussi bien le lot des régions côtières que de celles touchées par les typhons et les cyclones et en plus de la teneur en sel croissante de certains sols, c'est la crise hydrique elle-même (le manque d'eau) qui risque dès 2080, d'affecter 3,2 milliards de personnes, comme le signalait la Conférence des experts du GIEC en 2007 à Bruxelles. C'est déjà un problème très réel au Moyen Orient et dans le Sahel. Selon Marc Gillet de l'ONERC (Observatoire national des Effets du Réchauffement climatique), d'ici à 2020, plusieurs dizaines de millions d'Africains seront exposés à une aggravation du stress hydrique en raison du changement climatique. En Australie, c'est l'avenir de la réserve d'eau du pays qui est en jeu et le gouvernement s'en inquiète, car avec 0,32 % de la population mondiale, le pays produit 1,43 % des émissions de carbone. Or, en 2007, la Convention des Nations Unies sur la Désertification (UNCCD) était en panne, son budget n'ayant pas été approuvé par les Etats-Unis et le Japon. Mr M.B. Charreton, président du Comité scientifique français attaché à ce même organisme, estimait que le phénomène de stress hydrique concernait déjà un milliard de personnes et 40 % des terres.

C'est donc un ensemble de métabolismes naturels qui sont en jeu. A poursuivre des avantages immédiats, en faveur d'une minorité, on est arrivé à provoquer des déséquilibres profonds, qui risquent de ne plus pouvoir être rétablis. L'idée du progrès sans limite est contredite par la réalité. La sagesse ancestrale du respect de la nature, source de la vie, a été saccagée. L'exaltation d'une valeur unique, celle de l'échange à la base du profit et de l'accumulation ont fait le vide des autres perspectives et l'humanité risque de le payer cher.

Les effets économiques

Du point de vue économique, l'agriculture est particulièrement sensible à la température. Dans l'hémisphère nord, de nouvelles espèces pourront être cultivées et la géographie de certaines plantes se déplace déjà. Mais par contre, dans les régions tropicales la situation est plus grave. En Inde, le riz ne possède qu'un degré centigrade de tolérance à l'augmentation de la température, sous peine de baisse de rendement (jusqu'à 40 %) et il en est de même ailleurs dans l'ensemble des régions tropicales ou sous tropicales.

L'Afrique, pour sa part s'avère particulièrement vulnérable de ce point de vue. Le professeur Rajandra Pachauri, président du GIEC affirmait dans une Carte Blanche du journal belge Le Soir. que les changements climatiques mettent dès à présent en danger l'approvisionnement en eau de 75 à 200 millions de personnes pour les années 2020, car la diminution des surfaces cultivables, de la durée des saisons fertiles et du rendement des terres augmenteront les risques de famines. Dans certaines régions, d'après le même auteur, les rendements de l'agriculture pluviale pourraient chuter de 50 %, d'ici 2020. Le PNUD estime que d'ici 2060, la perte économique pour l'Afrique pourrait s'élever à 36 milliards de dollars. Quant aux événements climatiques dont nous avons parlés à propos de l'Himalaya, et qui sont à l'origine d'une raréfaction des ressources en eau, ils pourraient affecter, directement plus d'un milliard de personnes dans les deux ou trois prochaines décennies.

En Chine, l'impact économique de la détérioration climatique est considérable. Selon Monsieur Pan Yue, vice-ministre chinois de l'Environnement, les dégâts environnementaux atteignent dans ce pays de 8 % à 13 % du PIB chaque année, annulant ainsi le taux de croissance. « La Chine, déclare-t-il, a quasi perdu tout ce qu'elle a gagné depuis la fin de années 70 à cause de la pollution ». Conscient de ce problème, le gouvernement chinois décida d'entamer à partir de février 2008, une enquête nationale sur les sources de pollution, ce qui sans doute aurait dû être fait depuis bien longtemps. Le pays est en manque chronique d'eau. Il possède 20 % de la population mondiale et seulement 7 % des réserves hydriques. Or la culture des céréales forme la base de la nourriture et pour en produire une tonne, il faut 1000 m³ d'eau, soit une tonne. Or, l'auteur de l'article, Julio Arias, ajoute que la contamination industrielle atteint aujourd'hui en Chine 90 % des eaux souterraines et que 700 millions de Chinois en boivent.

Dans de nombreuses régions, le manque d'eau pourrait même affecter le fonctionnement des centrales nucléaires, qui l'utilisent en grande quantité pour des opérations de refroidissement. Sur un plan global, Nicholas Stern affirme dans un rapport de la Banque mondiale de 2006, que faute de mesures adéquates, le réchauffement pourrait provoquer la pire récession économique de l'Histoire. Son coût pourrait s'élever à quelque 5 500 milliards d'euros, soit plus que le coût des deux guerres mondiales réunies ou que la grande crise de 1929. L'économie destinée à créer les bases de la vie matérielle, culturelle et spirituelle du genre humain, est fortement perturbée par l'ensemble de ces phénomènes, qui, ne l'oublions pas, sont le fruit d'un modèle de développement.

Les effets sociaux

L'aspect social des changements climatiques doit aussi être souligné. En effet, ce sont clairement les populations et les régions les plus pauvres qui en subiront les effets les plus négatifs, remettant en question les Objectifs du Millenium (diminuer de moitié l'extrême pauvreté en 2010). Selon le même Nicholas Stern, on devrait s'attendre à plus de 200 millions de déplacés dans les 10 années à venir, ceux qu'on appelle les réfugiés climatiques. Déjà en Russie, des populations de l'Asie centrale se déplacent vers l'Ouest et le représentant du Fond Mondial pour la Nature (WWF) en Russie, affirme que cette région est au bord de la catastrophe. Plusieurs îles du Pacifique voient leur population émigrer vers la Nouvelle Zélande. Eudald Carbonell est plus pessimiste encore et parle d'une crise sociale sans précédent, assurant qu'au cours du 21e siècle, la moitié de la population mondiale disparaîtra (El Nacimiento de una nueva Civilización (en catalan). La faim et les maladies seront le lot de millions de personnes. D'abord dans les régions les plus vulnérables où se trouvent comme le dit le GIEC : « les personnes ayant moins de capacités d'adaptation au changement climatique, du fait de l'augmentation de la malnutrition ». On assistera probablement aussi à une modification de la distribution géographique de certaines maladies à transmission vectorielle : malaria, dengue, maladie de Lym. C'est d'ailleurs une des raisons pour lesquelles l'industrie pharmaceutique a commencé à investir plus sérieusement dans la recherche des vaccins concernant ces maladies. Elles atteindront des populations ayant un pouvoir d'achat plus élevé et c'est pour cela aussi que l'OMS met en garde contre ces maladies exotiques les régions mieux loties économiquement et situées dans l'hémisphère nord. Rappelons que lors des canicules de 2003, il y eut 70 000 morts en Europe.

Comme les conséquences sociales des changements climatiques affectent surtout les régions pauvres, paradoxalement celles qui ont le moins accès aux technologies nocives appliquées dans les pays industriels et qui restent en marge du mode de croissance économique servant de paramètre au modèle capitaliste, il s'agit donc de victimes qui n'ont pas été impliquées comme acteurs du processus de la destruction climatique. Ainsi, en 2007, c'est l'Asie qui a été la principale cible des catastrophes naturelles. C'est ce que révèle le bilan de la Stratégie internationale de Prévention des Catastrophes naturelles, organisme des Nations Unies : 167 millions de personnes ont subi les effets des débordements des fleuves dans cette région. Dans l'ensemble du monde, il y aurait eu 16 500 victimes mortelles de ce type de catastrophes et des dégâts sont évalués à 43 milliards d'euros. Selon John Vidal, en Afrique, ce sont 182 millions de personnes qui pourraient pâtir de maladies liées au réchauffement du climat. Sans attribuer l'ensemble de ces chiffres au seul changement climatique, les organes compétents signalent cependant que ces derniers exercent une influence indéniable sur ces phénomènes. Ainsi, Margaret Chan, directrice générales de l'Organisation mondiale de la Santé (OMC), dans un rapport publié à l'occasion de la Journée mondiale de la Santé en 2008, affirmait que la pollution de l'air causait 800 000 morts chaque année et que chaque élévation de un degré de la température signifierait 20 000 morts supplémentaires.

Selon Mr. Rajendra Pachauri, président du GIEC, c'est

surtout l'Afrique qui subira les effets des changements. Il y aura diminution des surfaces cultivables et du rendement, notamment celui de l'agriculture pluviale, qui pourrait chuter de 50 % d'ici 2020. Tout cela pourrait affecter entre 75 et 200 millions de personnes.

En 2007, l'Afrique a été dévastée par des pluies torrentielles et des inondations, qui ont causé au moins 150 morts. Dis sept pays ont été touchés, affectant ainsi plus d'un million de personnes, selon le Bureau des Nations unies pour la coordination des Affaires humanitaires. En Ouganda, 150 000 personnes ont perdu leur abris entre août et septembre et 400 000 leurs moyens de subsistance. Au Ghana, il y eut 250 000 déplacés.

Au Soudan, ce furent les pires inondations de mémoire humaine. Au Togo, il y eut 66 000 personnes déplacées et au Nigéria, 50 000. Tout cela serait dû, selon le même organisme aux changements climatiques et à la destruction des forêts.

Mais qu'en est-il des pays « émergents ». Reprenons l'exemple de la Chine. Ici, en effet, nous faisons face à une société qui a opté pour une croissance accélérée sur la base des mêmes technologies polluantes et aux effets, à court et long terme, inquiétants. Sans doute faut-il replacer ce phénomène dans son contexte global. Après une période de dépendance économique et politique qui a duré des siècles, l'émancipation des nations du Sud apparaît comme la réparation d'une injustice. Le Nord s'était développé économiquement sous l'égide du capital en intégrant dans son projet l'extraction des ressources naturelles et l'exploitation du travail du Sud. Il ne fut guère regardant sur les conséquences naturelles et sociales de ses pratiques de croissance. Il est donc le principal responsable de la situation écologique actuelle. Aux yeux du Sud, notamment du G77, c'est-à-dire le groupe des pays « en développement », le Nord n'a donc de leçons à donner à personne.

Malheureusement, le prix à payer ne tient pas compte de l'équité historique et d'un juste retour des choses. Nous sommes embarqués sur un même navire et la folie des uns ne peut justifier l'étourderie des autres, même si les responsabilités se situent à des degrés différents. Comme le dit Susan Georges, nous sommes tous sur le Titanic, même si certains sont en 1ère classe. On connaît le coût d'un développement prédateur accéléré dans un univers saturé de microparticules et de gaz à effet de serre et la Chine plus encore que les autres pays émergents est en train de le payer. La pollution de ses grandes villes est devenue légendaire. Les jeux olympiques de Beijing l'ont révélé de manière frappante.

Prenons l'exemple de Hong Kong. Chaque année plusieurs centaines de personnes meurent des suites des émanations polluantes. L'indice de pollution de l'air (API), mesure de la présence de particules fines en suspension, a été fixé par l'OMS à un maximum 20 micro gramme par m^3 (ug/m^3) de particules d'un diamètre de moins de 10 microns, c'est-à-dire 1 centième de millimètre (PM10). L'Organisation recommande même de ne pas dépasser les 10 ug/m^3. Or, cet indice a été transformé à Hong Kong, pour atteindre des seuils de tolérance beaucoup plus élevés. La moyenne acceptable établie par la ville est de 180 ug/m^3 sur l'année et le seuil officiel a été porté à 380 ug/m^3, avec des pointes de 800 ug/m^3 si cela ne dépasse pas une heure. Rappelons qu'en Europe depuis le 1 janvier 2005, on ne peut dépasser 50 ug/m^3 pendant plus de 35 jours par an et un plafond annuel de 40 ug/m³ a été fixé. Florence de Changy, qui rapporte les faits pour la ville chinoise de Hong Kong, n'hésite pas à écrire que ces unités de mesure ont été adaptées « pour ne pas heurter les intérêts des puissances industrielles locales ». Une fois de plus la logique capitaliste a pris le dessus. Tant que les effets ne concernent que les « externalités » et n'affectent pas directement le processus d'accumulation du capital, ils ne sont pas pris en compte.

Et cependant, en juin 2003, un groupe d'universités de la ville se préoccupa du problème et publia une étude indiquant qu'une amélioration de l'indice de pollution permettrait d'alléger les hôpitaux d'une charge de 36 000 journées d'hospitalisation par an et ferait économiser 1,9 milliard d'euros de coûts indirects. Comme ces derniers sont supportés par les pouvoirs publics ou par les individus, ils n'entrent donc pas dans la comptabilité des entreprises. Par ailleurs, comme une grande partie des hôpitaux sont privés, ils n'ont guère avantage à diminuer le nombre de leurs clients. Dans l'ensemble de la Chine, la Banque mondiale estime que la pollution de l'atmosphère fait plusieurs centaines de milliers de victimes par an. Le même phénomène ne devrait pas être étranger au fait qu'annuellement naissent dans ce pays un million d'enfants souffrant de malformations. Il s'agit, à l'échelle mondiale, d'un modèle de développement économique qui prend des allures sacrificielles en fonction d'objectifs qui s'éloignent de plus en plus du bien-être humain, et la Chine n'est évidemment pas seule en cause.

En Inde, où en 2008, près de la moitié de la population était toujours sans accès à l'électricité, on estime que la demande d'énergie sera multipliée par 4 dans les 25 ans à venir (plus au moins en 2030). Même si un tel chiffre laisse supposer un impact négatif sur le climat, il faut garder les propositions. N'oublions pas, en effet, qu'un citoyen des Etats-Unis émet 16 fois plus de CO2 qu'un Indien. Selon Sunita Narain, du Centre for Science and Environment de New Delhi, les révoltes auxquelles on a assisté au cours des dernières années dans les 200 districts les plus pauvres du pays, sont dues à la destruction des forêts, à la contamination ou la diminution de l'eau et à l'exploitation des ressources minières. Le même auteur estime que les changements climatiques auront des effets sociaux dramatiques, causés par la raréfaction de l'eau, la diminution de la sécurité alimentaire et la réduction de la superficie des zones côtières. Les migrations forcées augmenteront, avec le cortège de problèmes qu'elles entraînent. Bref, c'est le bien-être collectif de l'humanité qui est en jeu et il faut en être conscient.

Les effets politiques

L'Oxford Research Group, n'hésite pas à écrire dans un rapport intitulé Réponses globales à des menaces globales (Global Responses to Global Treaths) que les effets des changements climatiques – déplacements de populations, manque de nourriture, désordres sociaux – auront également des implications à long terme pour la sécurité bien plus importantes que le terrorisme lui-même, avis partagé d'ailleurs par le Pentagone lui-même. Lesther Brown parle de la multiplication d'Etats non viables, car incapables de gérer les problèmes de l'eau, des forêts, de l'épuisement des sols, des migrations, bref les effets des changements climatiques. L'effet des migrations climatiques risque d'être considérable, les reformes des forêts en sera le fruit : criminalisation des migrations en Europe, construction des murs entre les Etats Unis et le Mexique, entre l'Inde et le Bengladesh.

Nous avons déjà signalé les effets du réchauffement de l'Arctique avec la possibilité d'exploiter des richesses naturelles (pétrole, métaux) et l'ouverture d'une nouvelle voie maritime. Le Canada réclame la souveraineté sur cette dernière, alors que les Etats-Unis et l'Union européenne affirment qu'il s'agit d'eaux internationales. Le Canada construit une base militaire dans la région. Les Etats-Unis se proposent de signer la Loi de la Mer proposée par les Nations unies en 1992, ce qui signifie un véritable revirement. En effet, à partir de 2009, il est prévu que les pays puissent étendre leurs eaux territoriales à plus de 200 miles, s'ils peuvent prouver que leur plate-forme continentale s'étend au-delà.

Quant à l'impact des activités militaires sur le climat, il ne peut être sous estimé. Non seulement le poids écologique de l'utilisation de l'énergie par les armées est considérable (en France, la production de déchets nucléaires y est due pour 10,1 %), mais le coût écologique des guerres est immense. Que l'on pense à l'Irak, par exemple. Mais des nombreuses autres conséquences des activités militaires doivent être signalées. Ainsi, en Californie du Sud, l'utilisation de puissants sonars par la marine des Etats-Unis, pour préparer la guerre sous-marine, affecte sérieusement le cerveau et les oreilles des baleines et de la faune marine. A Porto Rico, après 60 ans d'exercices de l'armée des Etats-Unis à Vizques, il faudra 10 ans, rien que pour débarrasser les terres des obus non exploités.

L'image positive que donne aujourd'hui la protection de

l'environnement n'a pas échappé non plus aux militaires. C'est ainsi que le Ministère espagnol de la Défense publiait une pleine page de publicité dans les journaux du pays, le 13 décembre 2007. « Le milieu naturel est aussi une question de défense, pouvait-on y lire. Il s'agit dans l'Etat espagnol, de 33 espaces (militaires) couvrant 150 000 hectares protégés ». Le Ministère ajoutait qu'il y avait de nombreuses manières de défendre le territoire, que se préoccuper de la flore et de la faune en était une et qu'en appliquant le système de gestion de l'environnement à toutes ses unités et installations et en optant pour les énergies renouvelables, l'armée remplissait son devoir pour que tous puissent jouir de l'environnement. La publicité se terminait en disant : « Pour ton avenir et pour celui de tous ». Quant à elle, l'US Air Force, a multiplié les expériences de production de carburant à partir du charbon, faisant voler une quarantaine d'appareils (B52, C17, etc.) Avec ce type de consommation.

Ce qui est encore plus inquiétant, ce sont les possibilités de modifier les conditions climatiques à des fins militaires, ce que Juan Gilman n'hésite pas à appeler « la guerre climatique ». Ainsi, serait-il possible de produire des ondes à haute fréquence dans l'éconosphère, afin de provoquer des pluies violentes, des inondations, des dérangements dans les systèmes de communication, ce qui est actuellement expérimenté en Alaska par l'armée des Etats-Unis.

L'ensemble de ces effets écologiques, économiques, sociaux et politiques est très impressionnant. Ce n'est donc pas sans raison qu'Enrique Leff, de l'Université nationale du Mexique, conclut que nous faisons face à une crise de l'humanité. Pour lui, c'est le modèle de développement qui est en jeu et tant que la question ne sera pas posée à ce niveau, on ne s'adressera qu'aux effets et non aux causes. Le PNUD pour sa part parle d'une tragédie qui se prépare et Lesther Brown parle « d'une chute de civilisation ».

Le rôle des Nations unies

L'Organisation des Nations unies ne pouvait rester insensible au problème, même si le sens de ses actions collectives dépend évidemment du degré de conscience de ses membres. Allusion a été faite déjà à la Commission Brundtland en 1986 et au Sommet de la terre à Rio de Janeiro en 1992. Les deux réunions les plus connues ont été Kyoto en 1997 et Bali en 2007. Le Protocole signé à Kyoto par la majorité des Etats industriellement développés du monde, mais non ratifié par les Etats-Unis, le Japon et l'Australie (qui rectifia sa position en 2007) visait à réduire entre 2008 et 2012 les émissions des 6 principaux éléments altérant le climat de 6,5 % par rapport à 1990. Les pays en développement ou émergents (la Chine, l'Inde, le Brésil) n'étaient pas concernés par ces mesures. A Bali en décembre 2007, se tint la treizième conférence de la Convention cadre des Nations unies sur le climat (CCNUCC), afin de préparer l'après Kyoto.

La première conférence, celle de Kyoto élabora les normes de réduction des émissions en les couplant avec des droits de compensation, ce qui déboucha sur la bourse de carbone, dont nous parlerons plus loin. La deuxième, à Bali préparée par plusieurs réunions du Groupe d'Experts intergouvernementaux sur l'Evolution du Climat (GIEC), organe créé conjointement par l'Organisation météorologique mondiale (OMM) et le Programme des Nations unies pour l'Environnement (PNUE) et titulaire, conjointement avec Al Gore, du Prix Nobel de la Paix 2007, se déroula dans une atmosphère nettement plus dramatique. Les Etats-Unis, de plus en plus isolés, furent obligés à faire certaines concessions, tout en les faisant compenser par d'autres de la part du reste de l'assemblée, mais à vrai dire de moindre ampleur. L'Australie, pour sa part, avec un gouvernement travailliste, avait rejoint le camp majoritaire. Tout cela n'empêcha point le lobby industriel d'être particulièrement actif, afin d'orienter les décisions dans un sens favorable aux forces du marché. En même temps, en contrepartie, on assista à un rapprochement entre les organisations et les mouvements s'occupant de l'environnement et ceux défendant la justice sociale et les droits humains, ce qui fut salué par Walden Bello, du Focus on The Global South de Bangkok, comme une avancée majeure. Les étapes suivantes, la 14e réunion du CCNUCC en Pologne en 2008 et la 15e au Danemark, en 2009, devraient déboucher sur de nouvelles orientations concrètes pour l'après 2012. Il s'agirait notamment de réduire les émissions de CO_2 de 20 à 40 % par rapport à 1990.

A Bali, les pays émergents furent interpellés. Ensemble, l'Afrique du Sud, le Brésil et la Chine, affirmèrent qu'ils se sentaient réellement concernés. La Chine annonça sa volonté de réduire sa consommation d'énergie de 20 % d'ici 2012 et elle annonça sa décision de mettre une taxe à l'exportation de blé, de maïs et de soja. Plusieurs pays du Sud, dont le Brésil, l'Indonésie, l'Equateur et le Mexique, demandèrent des appuis financiers pour la conservation de leurs forêts. La Chine plaida pour un transfert gratuit des technologies réductrices des émissions de GES. Dans le même ordre d'idées, un Fond d'Adaptation administré par le Fonds pour l'Environnement mondial (GEF) devrait réunir 500 millions de dollars en 2012, alimenté par 2% des contributions sur les projets de réduction du CO2 dans le cadre du Protocole de Kyoto, afin de financer des projets d'énergie verte dans le Tiers Monde. Cependant, la somme est bien modeste face aux besoins réels, calculés à au moins 50 milliards de dollars par OXFAM et à 86 milliards par an par le PNUD. La Banque mondiale, qui selon François Bourguignon, directeur de l'Ecole d'Economie de Paris (EEP), aurait vocation de devenir à cette occasion la Banque de l'Environnement, devrait en fixer les modalités. Nul doute que dans cette éventualité de telles initiatives restera market friendly.

Avant la Conférence de Bali, 125 ONG publièrent un appel, demandant entre autres de prendre en compte non seulement des critères économiques, mais aussi des critères de bien-être, de remplacer la mesure du PIB (Produit Interne Brut), par une autre prenant en compte l'impact sur le climat, de créer des moyens financiers pour la protection des forêts des pays pauvres, d'instaurer un Fond mondial pour les énergies propres et d'adopter une Convention sur le Droit à l'eau.

Il faut aussi signaler d'autres organismes des Nations Unies impliqués dans ces domaines, tels que le Programme des Nations unies pour l'Environnement (PNUE), l'Organisation météorologique mondiales (OMM), la Commission du Développement durable, la Convention sur la Diversité biologique (CBM), le Fonds pour l'Environnement mondial (FEM) regroupant 160 pays, la Convention sur la lutte contre la Désertification (UNCCD), le Programme des Nations unies pour les Etablissements humains (UN-Habitat), sans parler du Programme des

Nations unies pour le Développement (PNUD), l'Organisation des Nations unies pour l'Alimentation et l'Agriculture (FAO) et la Conférence des Nations unies sur le Commerce et le Développement (CNUCED). Il faut y ajouter aussi un certain nombre d'organismes régionaux, telle l'Agence européenne pour l'Environnement (AEE).

Le cadre des Nations unies offre un certain espace d'autonomie à ceux qui préoccupés par la situation s'efforcent à faire prendre conscience de l'importance du problème et de la nécessaire radicalité des solutions. Mais les rapports de force jouent, non seulement sur le plan politique, mais aussi sur celui des conceptions du développement et de la philosophie économique, en un mot sur le projet de société. C'est ainsi que Tony Blair, qui affirme que le défi est immense et le temps limité, n'hésite pas à dire qu'il existe un risque que le Sommet de Copenhague en décembre 2009 n'aboutisse à un accord sur le plus petit dénominateur commun, chaque pays cédant le moins possible. Or, le néolibéralisme n'a pas encore dit son dernier mot et l'ensemble des grandes orientations du système économique mondial, même secoué par des crises importantes, est encore soumis à ses orientations de base. Cela nous amène donc à nous interroger sur le discours néolibéral sur le climat et les effets du réchauffement, sa lecture de la situation, les solutions proposées et finalement la logique qui préside à son élaboration. En effet, le phénomène climatique a acquis un tel degré de visibilité, qu'il est devenu impossible d'en ignorer la dimension, même si certaines voix s'élèvent encore pour le minimiser ou pour nier la pertinence des données disponibles ou de leur interprétation. Un tel examen nous aidera à comprendre la fonction des agrocarburants dans la reproduction du modèle économique.

D'août 1982 à mars 1986, « une cellule antiterroriste » – composée d'une poignée d'anciens gendarmes d'élites et d'agents des services de renseignements – met en place un système d'écoute et de fichage hors du commun !

Installée dans l'ombre du Palais de l'Élysée – à Paris – cette unité va procéder dans le plus grand secret à des écoutes téléphoniques parfois illégales, souvent anticonstitutionnelles et toujours clandestines ! Au total, on dénombre aujourd'hui un peu plus de 2.000 personnes – toutes victimes de cette redoutable machine de renseignements !

Qu'ils soient responsables politiques, journalistes, comédiens, hommes d'affaires, éditeurs, écrivains, personnalités de la vie publique, agents des services de renseignements, anciens barbouzes ou encore simples anonymes… tous ont en commun d'avoir eu leur ligne téléphonique mise sur écoute. Les chiffres sont à ce point édifiants que certains journalistes n'hésitent pas à faire un parallèle édifiant entre « la cellule de l'Élysée » et une police politique comme la STASI !

Lorsque le scandale éclate au mois de Mars 1993, l'opinion publique est outrée. Et très vite on cherche à comprendre qui tiraient les fils de cette entreprise d'espionnage à grande échelle ? Comment fonctionnaient réellement les écoutes pratiquées par la cellule de l'Élysée ? Le président de la République – François Mitterrand – était-il au courant ? Les a-t-ils même ordonné ?

Le journaliste d'investigation, Jean-Marie Pontaut est un ancien grand reporter pour le Point et L'Express. Il est l'auteur de plus d'une quinzaine d'ouvrages sur les affaires qui ont marqué la vie politique française ses 30 dernières années. Il a écrit avec Jérôme Dupuis Les oreilles du Président (suivi de la liste des 2000 personnes écoutées par François Mitterrand) paru chez Fayard en 1996. Son dernier livre Sous les jupes de la 5ème république, politiques, prostituées, policiers ; Enquête sur les liaisons dangereuses est paru en 2017 aux éditions Taillandier.

Espionnage américain : le trompe-l'oeil de l'ambassade cache une station d'écoutes

A quelques centaines de mètres de l'Elysée. L'ambassade américaine, installée près de la place de la Concorde, accueille un bien curieux équipement sur son toit : une façade en trompe-l'oeil qui dissimule une station d'écoutes, comme le raconte Libération ce mercredi.

Selon cette information, déjà révélée en 2013 par le blogueur Zone d'intérêt, cette bâche peinte avec de fausses fenêtres laisserait discrètement passer les signaux d'«une station d'espionnage des télécommunications du Special Collection Service (SCS), une unité commune à la NSA et à la CIA».

«Il est de notoriété publique qu'un système d'écoute a été installé sur le toit de l'ambassade des Etats-Unis» dans la capitale française, a déclaré mercredi une source proche du dossier, en requérant l'anonymat. Les services de renseignement «estiment que le système est opérationnel depuis environ quatre ans», a-t-elle précisé. «Dans la mesure où ce système n'est pas intrusif et qu'il est sur le territoire américain, la France n'a pas grand-chose à dire».

Elle aurait été mise en place entre 2004 et 2005 lors de travaux sur le toit de l'ambassade, comme le montre une comparaison des images satellites faite par le blogueur Zone d'intérêt.

De nombreuses ambassades américaines à travers le monde accueilleraient des stations d'écoutes sur leur toit. Comme le soulignait Zone d'intérêt, «la forme générale de l'abri, son assemblage et le soin apporté à reproduire l'aspect extérieur de l'ambassade (ndlr, de Paris) sont très similaires aux installations observées sur d'autres ambassades américaines, notamment à Berlin, Madrid ou Stockholm».

Concernant le service qui utiliserait cette station d'écoutes, le SCS, il disposerait de 80 centres à travers le monde, comme l'a récemment révélé le Der Spiegel. L'ambassade américaine à Paris s'est refusée à tout commentaire.

Ces nouvelles révélations, basées sur des documents de WikiLeaks et publiées par Mediapart et Libération, font état d'une surveillance institutionnalisée des présidents français, Jacques Chirac, Nicolas Sarkozy et François Hollande (au moins au début de son mandat).

MACRON

Le volet international du programme d'Emmanuel Macron souhaite s'inscrire dans une vision d'indépendance : « Je souhaite mettre en œuvre une diplomatie claire et résolue, dans la tradition gaulliste et mitterrandienne, pour faire de la France une puissance indépendante, humaniste et européenne ».
Voilà pour le principe. Apparemment loin du néo-atlantisme suivi par Nicolas Sarkozy et François Hollande. Mais qu'en est-il en détails ?

D'abord, « l'Europe toute » pourrait être le mot d'ordre d'Emmanuel Macron. Le finaliste du premier tour s'est positionné en effet comme le plus européen des onze candidats au cours de sa campagne. À son programme, quelques points forts, comme attribuer à la zone euro un budget, un parlement et un ministre de l'Économie. Macron est également le seul candidat favorable au CETA, le traité de libre-échange entre le Canada et l'Union européenne.

En ce qui concerne la place de la France dans le monde, Emmanuel Macron élabore une vision qui prend appui sur quatre cercles qu'il souhaite visiblement voir agir en synergie : les forces nationales, les traités européens, qui prévoient des clauses de protection réciproque, l'OTAN et le système des Nations unies.

Plus précisément, en ce qui concerne l'OTAN, il affirme que « la France n'a pas intérêt à remettre en cause sa place au sein du commandement intégré ». Elle veillera seulement « à limiter les interventions de l'OTAN en dehors de sa zone géographique aux seuls cas où les intérêts de la France sont directement concernés ».

Emmanuel Macron note ainsi qu'après le Brexit, la France est le seul membre permanent de l'Union européenne disposant du droit de veto à l'ONU. Il entend en faire un levier « pour faire prévaloir dans cette enceinte les intérêts et les positions communes de l'Union ». Il plaidera pour un élargissement du Conseil de sécurité, estimant que « l'Allemagne, le Japon, l'Inde, le Brésil et un pays africain » devraient accéder au statut de membre permanent du Conseil de sécurité.

Vis-à-vis des États-Unis et de la Russie, dans un climat de néo-guerre froide, Emmanuel Macron semble avoir choisi son camp, mais de façon feutrée. Si, dans son programme de politique étrangère, il indique d'emblée que « la présidence de Donald Trump inquiète nos concitoyens », il ajoute que « notre proximité avec les États-Unis et avec nos alliés est une chance ».

Cependant, il note aussi que la perspective d'un désengagement accru des États-Unis, autant que les défis de sécurité croissants auxquels l'Europe est confrontée, obligent la France à se doter « d'une politique étrangère et de défense européenne ». Seulement, il n'inscrit pas celle-ci dans une Europe à 27, mais dans un Europe à géométrie variable en partenariat avec « les États membres qui sont prêts à avancer ».

L'Europe fait actuellement face à une crise migratoire sans précédent.

Les désordres mondiaux, la violence des conflits au Proche-Orient, la complexité de la situation économique et politique dans la zone sahélienne, l'effondrement de l'Etat libyen et les écarts de richesse entre le Nord et le Sud concourent à une pression migratoire très importante sur les pays de l'Union européenne.

Le devoir de l'Europe est d'offrir l'asile à ceux qui sont persécutés et demandent sa protection. Il est aussi d'aider à traiter les causes des mouvements migratoires - sous-développement, famines, désordres climatiques. Mais l'Union européenne ne peut accueillir sur son sol tous ceux qui sont en quête d'une vie meilleure.

Dans ce contexte, la France doit prendre sa juste part dans l'accueil des réfugiés. Elle doit délivrer des titres à tous ceux dont elle juge qu'ils ont droit à l'asile sur son territoire. Ceux qui en revanche ne remplissent pas les conditions pour se voir attribuer un tel titre et, en conséquence, demeurer sur notre territoire doivent pouvoir être effectivement reconduits à la frontière.

L'immigration ne se résumant pas à la question des réfugiés, la priorité doit être portée par ailleurs sur l'intégration, dans le respect des équilibres locaux et nationaux.

Le 18 juin 2017, la République en marche, le parti d'Emmanuel Macron a remporté une majorité absolue à l'Assemblée nationale. Au moment où il commence réellement à gouverner, le nouveau président français va devoir définir une politique globale envers le Proche-Orient et le Maghreb. Il ne pourra éviter de se concentrer sur des questions vitales pour le pays, en premier lieu le terrorisme.

Dans le système français, la politique étrangère appartient au domaine réservé du président de la République, dont les décisions échappent pratiquement à tout contrôle. Ce pouvoir a été établi par le fondateur de la Ve République, Charles de Gaulle, et exploité par François Mitterrand, même si d'autres présidents ont été moins enclins à exercer complètement une telle autorité.

Pendant sa campagne en vue de l'élection présidentielle, Emmanuel Macron a déclaré qu'il suivrait cette « tradition gaullo-mitterrandienne » dans la forme comme dans le fond, laissant perplexes de nombreux analystes. Jusqu'ici, du moins dans le style, il est devenu évident, vu ses premiers contacts à l'étranger, que le jeune dirigeant cherchera à représenter très activement son pays dans tous les domaines. Toutefois beaucoup de choses restent à définir et à comprendre. C'est particulièrement vrai au Proche-Orient et en Afrique du Nord, où la France, puissance moyenne, conserve une grande influence. Et là, fond et forme vont probablement se rejoindre pour donner un aperçu de ce qui pourrait constituer une « doctrine Macron ». Du Maghreb au Levant et au Golfe, le président a déjà fortement insisté sur une priorité : l'antiterrorisme. Dans ce contexte, il emploie sans hésitation, comme ses collaborateurs, l'expression « extrémisme islamiste », et met l'accent sur les progrès à accomplir en matière de sécurité. Dans son approche de la région, Macron privilégie la stabilité, fondée toutefois sur des solutions politiques inclusives. Vues sous cet angle, ses positions n'ont rien d'original. Pourtant les détails sont révélateurs.

UNE POLITIQUE SYRIENNE AMBIGUË

Dans ses récentes déclarations, il a eu tendance à employer des termes durs quand il s'agissait des attaques contre la France, affirmant qu'il fallait « éradiquer les terroristes ». Le président préfère utiliser le mot « Daesh » au lieu d'« État islamique » quand il parle des actions du groupe armé dans « l'espace irako-syrien » où l'aviation et les forces spéciales françaises interviennent, à Mossoul et à Rakka. Quand on lui demande s'il a une feuille de route pour un règlement dans ce territoire vu maintenant comme une scène politique unique, Macron répond fréquemment que la priorité est d'affaiblir les réseaux terroristes qui s'y trouvent, puis de s'occuper des aspects politiques des crises syrienne et irakienne dans une étape suivante, dans le cadre de négociations multilatérales conduisant à un « ordre politique stabilisé et inclusif ».

Si en Irak cette séquence est assez claire, en Syrie elle semble vague. En écho à la formule du ministre des affaires étrangères Jean-Yves Le Drian, « Si Assad est l'ennemi du peuple syrien, [l'État islamique] est l'ennemi du monde ». Macron s'est souvent montré ambigu en ce qui concerne le sort de Bachar Al-Assad. Particulièrement dans une interview donnée à plusieurs quotidiens européens, au cours de laquelle il a déclaré : « Je n'ai pas énoncé que la destitution de Bachar Al-Assad était un préalable à tout. Car personne ne m'a présenté son successeur légitime. » Les cercles de l'opposition syrienne ont été profondément troublés par ces remarques.

Le président français a toutefois donné quelques directions claires pour la Syrie, affirmant par exemple que la France répliquerait militairement contre toute nouvelle attaque chimique dans le pays, unilatéralement s'il le faut. Pour lui, le destin d'Assad est du ressort de la justice internationale, étant donné les crimes commis par son régime, même si cela semble en contradiction avec ses remarques précédentes sur la « légitimité » d'Assad. En outre, sa déclaration jette un doute sur le message que l'on devrait déduire de sa rencontre très médiatisée avec l'opposant syrien Riad Hijab, le lendemain même de l'accueil du président russe Vladimir Poutine à Versailles.

D'autres composantes de la politique syrienne de Macron demandent des explications. Par exemple sa déclaration sur la « nécessité de rassembler toutes les parties autour d'une table, y compris des représentants du président syrien ». Ou quand il affirme que la France est déterminée à préserver un État syrien, tout en restant ambigu sur la relation entre cet État, le régime et l'entourage d'Assad. Macron, comme beaucoup d'autres dirigeants occidentaux, peut paraître obsédé par les « États faillis ». Ce qui n'est pas surprenant, vu le sort de l'Irak après 2003 et de la Libye après 2011. Pourtant l'usage de ce terme à tout propos pose un problème de nuance : en Irak l'effondrement a été provoqué par l'intervention occidentale, mais en Libye, elle était initialement destinée à empêcher un massacre de civils à Benghazi ; tandis qu'en refusant d'agir en Syrie, l'Occident a seulement accéléré son effondrement. Pourtant Macron suppose que ces trois interventions sont semblables, et qu'elles ont favorisé l'émergence de groupes terroristes. Cette analyse uniforme, qui dénonce « une forme de néoconservatisme importée en France » pourrait peser sur la future politique syrienne du président.

Dans l'entourage de Macron, deux visions de la politique étrangère s'affrontent dans la discrétion, mais avec âpreté. D'un côté le réalisme cynique qui a la faveur de certains anciens premiers ministres et ministres, et de prestigieux vétérans de la diplomatie, en désaccord avec la ligne dure anti-Assad des anciens présidents Nicolas Sarkozy et François Hollande. Ceux qui soutiennent cette approche ne reconnaissent que peu d'importance aux dynamiques socio-économiques qui ont produit les révoltes arabes à partir de 2010. Au lieu de cela, leur vision est centrée sur l'État. Ils considèrent les régimes autoritaires du Proche-Orient et du Maghreb comme une partie naturelle du tissu de ces pays, et comme les seules forces capables de contenir des tendances dangereuses pour l'Europe. Plutôt que de regarder la Russie comme un acteur négatif en Syrie, ils pensent que le futur de l'Europe réside dans une collaboration avec Moscou.

L'autre approche est ancrée dans l'atlantisme et s'appuie sur certaines valeurs comme le soutien aux droits humains, à la démocratie et à la société civile, qui fait partie de la « mission » et du « message » de la France. D'un point de vue générationnel, ses partisans sont plus proches de ceux qui ont planté les graines des révolutions dans les sociétés arabes, plus enclins à suivre la voie tracée jusqu'ici par la France dans la région et défendue — parfois avec beaucoup de courage — par François Hollande.

ANTITERRORISME ET PASSÉ COLONIAL

On ne devrait pas oublier le traumatisme engendré par les attentats sanglants qui ont touché la France depuis 2015. Ils ont amplifié un climat de suspicion, nourri par des forces populistes à l'encontre des populations arrivant de Syrie et d'Irak. Ce n'est donc pas une coïncidence si Macron, pendant sa campagne et peu après son élection a promis de concevoir une nouvelle structure, mais au niveau macropolitique. Il a ainsi créé le 7 juin le Centre national du contre-terrorisme, équivalent du National Counterterrorism Center, un Conseil du renseignement dirigé par un coordonnateur national du renseignement et de la lutte contre le terrorisme, équivalent français du Director of national intelligence américain, ainsi que l'embryon potentiel d'un Conseil national de sécurité à l'image du National Security Council. Dans ce nouveau cadre, tous les pontes du renseignement, les hauts fonctionnaires des ministères de la justice et de l'intérieur, ainsi que d'autres agences vont traquer en continu les mouvements radicaux, les activités djihadistes et les menaces terroristes à long terme.

Certaines personnalités de cette nouvelle hiérarchie du renseignement et de la sécurité donnent des pistes sur les centres d'intérêt de Macron. Par exemple, Bernard Emié a été nommé récemment à la tête de la Direction générale de la sécurité extérieure (DGSE), l'agence du renseignement extérieur français. Il a été ambassadeur pendant les jours sombres, mais riches en événements de 2004-2007 au Liban, l'un des quelques pays visités par le candidat

Macron. Emié a supervisé le vote et l'application en 2004 de la résolution 1559 du Conseil de sécurité des Nations unies qui appelait au retrait de la Syrie du Liban et au désarmement du Hezbollah. Il était à Beyrouth quand l'ex-premier ministre Rafik Hariri a été assassiné en février 2005, entraînant le retrait du Liban de la Syrie. Emié a ensuite servi en Turquie puis en Algérie, deux postes-clés. Dans le dernier, il a gardé un œil sur les anciennes colonies françaises en Afrique du Nord, et en particulier sur le Sahel où des forces françaises ont été déployées contre des groupes djihadistes qui menacent l'Europe.

L'Afrique, en particulier le nord du continent, est une région que Macron est très désireux de traiter rapidement. Une semaine après l'élection, son premier voyage en dehors de l'Europe a été pour le Mali, où il a rendu visite aux troupes françaises déployées dans le cadre de la seule opération antiterroriste dirigée par la France. Le symbole était clair : la France n'hésitera pas à mener, et seule, des campagnes militaires audacieuses quand il le faudra.

Quelques semaines plus tard, Macron s'est rendu au Maroc. Une rupture nette avec la tradition qui veut que les présidents français fassent souvent précéder leur déplacement dans le royaume chérifien d'une visite à son rival régional, l'Algérie. Si le choix entre ces deux poids lourds du Maghreb est une question sensible, la décision de Macron pourrait s'expliquer par l'un des temps forts de sa campagne. En visite à Alger, il a évoqué le passé colonial de la France, déclarant qu'elle avait commis pendant cette période des « crimes contre l'humanité ». L'incident a rouvert des blessures profondes dans la société française, et aurait même pu lui coûter la présidence si l'on en croit les sondages effectués à ce moment-là. Ayant pris un tel risque, il est possible que le candidat devenu président ait ensuite pensé qu'il n'avait plus à respecter un équilibre aussi pointilleux entre le Maroc et l'Algérie.

« JE PEUX FAIRE A, MAIS AU MÊME MOMENT JE FERAI B »

L'aspect sans doute le plus étonnant de cette politique étrangère française en devenir, c'est que l'on se demande de quel côté la balance va finalement pencher. Du côté des valeurs et de l'éthique en politique, ou de celui du réalisme politique, au détriment de l'exception démocratique que la France revendique d'incarner depuis sa révolution ? Pour y voir clair, les observateurs devraient se rappeler le mantra utilisé par Macron pendant sa campagne. Il a fréquemment employé l'expression « en même temps, » signifiant : « je peux faire A, mais au même moment je ferai B ». L'idée derrière cette proposition dialectique était que la complexité vous oblige souvent à faire une chose et son opposé — de mettre en œuvre une politique économique conservatrice tout en étant socialement à gauche ; d'être conscient de l'identité historique de la France tout en projetant résolument le pays dans le futur à travers une économie mondialisée basée sur le high-tech.

En politique étrangère en général, et au Proche-Orient en particulier, cet exercice d'équilibre va probablement se répéter. On peut imaginer son emploi dans le Golfe, par exemple, où dans la crise récente entre le Qatar et les États du CCG qui le critiquent la France a rapidement cherché à jouer un rôle de médiateur, et pas seulement par opportunisme. Macron a hérité de deux orientations très différentes : le penchant de Sarkozy pour le Qatar, puis celui de Hollande pour l'Arabie saoudite ; aujourd'hui le président voit là l'occasion de rétablir une politique plus impartiale dans la région.

L'exercice d'équilibre sera visible aussi sur le front israélo-palestinien où le candidat Macron avait choisi de prendre ses distances avec la décision de François Hollande, qu'il n'a finalement jamais mise en application, de reconnaître unilatéralement l'État de Palestine. Il a expliqué qu'une telle position n'était pas favorable aux négociations ni au rôle d'arbitre honnête que la France voulait jouer. Ce qui a déçu les cercles propalestiniens en France.

Le nouveau président devra également se couvrir sur d'autres questions où il devra lier idéalisme et réalisme, valeurs et intérêts. Et là, les contradictions vont sûrement fleurir et prêter le flanc à la critique, et probablement engendrer un certain flou. Il ne sera pas facile, par exemple, de garder le silence face à la dérive autoritaire et au terrible dossier, dans le domaine des droits humains du président égyptien Abdel-Fattah Al-Sissi avec qui Paris vit une sorte de lune de miel, tout en assurant aux opposants démocratiques de Recep Tayyip Erdogan que « la France sera toujours à leurs côtés ».

Macron est un personnage astucieux, brillant et ambitieux qui a répété que son but était de rendre à la France sa stature perdue. C'est apparemment ce qu'il veut dire par « gaullo-miterrandisme. » Dans plusieurs déclarations sur la politique étrangère, il a en effet affirmé que les « valeurs fondamentales de la France » étaient « au cœur de la défense des intérêts de la France ». Il sera intéressant de voir si Macron peut réconcilier valeurs et intérêts, et si oui comment. Pendant toute sa campagne, il a soutenu l'ordre libéral (économie de marché) et argumenté que sa génération avait le devoir sacré d'empêcher un certain monde de mourir.

Mais Macron sait aussi que ce monde a été profondément transformé et qu'une poignée de main virile avec Donald Trump n'empêchera pas le président des États-Unis de se retirer de plusieurs traités internationaux. Et ce n'est pas non plus en décrivant publiquement certains médias russes comme des instruments de propagande en présence de Vladimir Poutine qu'il va faire baisser l'agressivité de Moscou envers l'Occident. Autrement dit, le président français est conscient des limites de son pays, et il se rend compte qu'il aura du mal à faire entendre seul sa voix dans le tumulte du Proche-Orient.

TRUMP

Coïncidence ou ruse de l'histoire ? Au moment où les Iraniens plébiscitent l'ouverture de leur pays vers le monde, Donald Trump apporte son soutien aux deux grands rivaux de l'Iran chiite, l'Arabie saoudite sunnite et Israël. Avant de se rendre en Terre sainte puis en Europe, la visite en Arabie saoudite du 45e président des Etats-Unis, considérée comme une « victoire " par les monarchies du Golfe, élargit la fracture entre deux rivaux dans un Moyen-Orient plus tourmenté que jamais. Dans cette région les grandes puissances, Etats-Unis et Russie, et les forces rivales, politiques, religieuses, sociales, se livrent des guerres par procuration si ce n'est directement au Yémen, en Irak et en Syrie. Riyad et Washington ont désigné leurs deux menaces communes : le terrorisme et l'Iran, et décidé de renforcer leur partenariat stratégique. Ce qui a été immédiatement concrétisé par l'annonce de nouvelles ventes d'armements américains à l'Arabie saoudite. Certes le parallèle avec l'Irak de Saddam Hussein, armé par l'Occident lors de la guerre contre l'Iran des années 1980, serait osé. Mais ce « nouveau départ " des relations américano-saoudiennes est un signal au moment où les Iraniens ont réélu dès le premier tour le président sortant Hassan Rohani face à son challenger, l'ultraconservateur Ebrahim Raïssi. Un choix qui apparaît comme la confirmation de la politique d'ouverture de Téhéran marquée par la conclusion le 14 juillet 2015 d'un accord avec les grandes puissances sur le programme nucléaire militaire iranien en échange d'une levée progressive des sanctions. Mais cette ouverture de l'Iran peut être facilement contrecarrée. Non seulement parce que toute décision de politique étrangère en Iran est du ressort final du Guide suprême, l'ayatollah Ali Khamenei, et que la théocratie iranienne est elle-même l'objet d'une contestation interne, mais surtout parce que le pari de Trump vers l'Arabie saoudite aggrave encore le déséquilibre régional. D'autant plus que Donald Trump souhaite renégocier l'accord nucléaire. Or l'Iran est redevenu une puissance, influente en Irak, militairement et religieusement après la chute de Saddam Hussein, au Yémen où elle soutient les Houthis face à une coalition dirigée par l'Arabie saoudite ou encore en Syrie où les forces Al-Qods des Gardiens de la Révolution islamique, au côté du Hezbollah libanais, ont sauvé, avec l'aide de la Russie, le régime de Bachar Al Assad. Mais ce n'est pas le seul risque régional. Au moment où Israéliens et Palestiniens sont de plus en plus éloignés d'une solution pacifique, Donald Trump doit, lors de sa visite lundi et mardi en Israël, se garder d'ajouter de l'huile sur le feu dans ce conflit, le plus symbolique dans le monde arabe. Or pour le moment, il a surtout fait le choix de la confrontation et de l'aggravation de la fracture entre Riyad et Téhéran.

En 1828, aux Etats-Unis, Andrew Jackson, avocat, commandant en chef de la milice de Tennessee, chasseur d'Indiens et victorieux des derniers Britanniques présents aux Etats-Unis, se présente à l'élection présidentielle sous l'étiquette "du parti républicain démocrate" en 1824. Il obtient le plus de suffrages de la part des électeurs et des grands électeurs parmi tous les candidats, mais il n'obtient pas la majorité absolue pour remporter l'élection présidentielle.

En 1828, il se représente avec son parti "le parti démocrate" avec un symbole l'âne (qui montre l'entêtement d'A. Jackson) et gagne l'élection présidentielle grâce à sa réputation d'homme du peuple et son opposition farouche aux hommes politiques professionnels. Les fermiers et les citadins votent pour lui en raison de ses origines modestes. C'est le septième président des Etats-Unis, le seul dirigeant a ne pas avoir fait la guerre d'indépendance ou avoir contribué à la rédaction de la Constitution.

Son programme consiste à repousser la frontière américaine en éliminant les Indiens. Il se dispute avec son gouvernement et préfère gouverner avec ses conseillers (le système du Spoils system date de sa présidence: le remplacement de tous les cadres de l'administration par ses partisans).

Réélu pour un deuxième mandat, il utilise l'armée pour la première fois pour briser une grève. Il s'oppose à la création d'une banque centrale dirigée par une agence privée, deuxième banque des Etats-Unis, en retirant les fonds de l'Etat américain. En rétorsion, le propriétaire de la banque augmente les taux d'intérêt et restreint le crédit. Pour ne pas dépendre de cette banque, A. Johnson rembourse intégralement la dette des Etats-Unis et montre ainsi sa capacité à résister aux financiers.

Sa mémoire est controversée car on lui reproche d'avoir organisé la déportation et le massacre des Indiens et soutenu l'esclavage. Pour Tocqueville, dans De la démocratie en Amérique, "Jackson est l'esclave de la majorité, il la suit dans ses volontés, dans ses désirs, dans ses instincts à moitié découverts, ou plutôt il la devine et court se placer à sa tête (...) il foule aux pieds ses ennemis personnels partout où il les trouve, avec une facilité qu'aucun président n'a rencontrée; il prend sous sa responsabilité des mesures que nul n'aurait jamais avant lui osé prendre".

En pleine campagne présidentielle américaine, en avril 2016, le Trésor américain décide de retirer l'effigie d'Andrew Jackson sur les billets de 20 dollars présents depuis 1928 pour la remplacer par Harriet Tubman, une femme afro-américaine abolitionniste, espionne pour le Nord pendant la guerre de Sécession et militante pour le droit de vote des femmes. "Une femme, une leader et une combattante de la liberté! Je ne peux imaginer meilleur choix pour le billet de 20 dollars qu'Harriet Tubman", s'est exclamée dans un tweet d'H. Clinton. D. Trump, que a répliqué qu'Andrew Jackson représente le succès de l'histoire de son pays et qu'il voit cette décision comme le symptôme du politiquement correct qu'il a dénoncé pendant toute sa campagne. Même s'il considère H. Tubmann comme une femme "fantastique", D. Trump propose de la mettre sur un billet de 2 dollars...

D. Trump que les médias occidentaux traitent de fou dangereux, sorte de phénix politique mélange de V. Poutine et S. Berlusconi, n'est-il pas en train de revenir aux sources de la démocratie américaine? Celle d'Andrew Jackson], hostile aux politiciens professionnels de Washington, proche du peuple et de ses désirs, effaçant les frontières politiques, usant et abusant de la violence verbale avec ses contradicteurs et imprévisible quant à sa politique.

1. Qui est Donald Trump ?

Né à New York, il fait des études de finance et fait une

carrière dans l'immobilier. Il est milliardaire (sa fortune est évaluée à 4 milliards de dollars, D. Trump parle de 10 milliards), il a fait fortune dans l'immobilier en achetant, rénovant et revendant des tours, des hôtels, des casinos, des terrains de golf. Il possède des grands magasins, des hôtels de luxe et résidences de luxe à New York. Ils possèdent des gratte-ciel d'habitations, de bureaux ou d'hôtels à Chicago, San Francisco, Washington, Las Vegas et Miami.

De 1990 à 1995, la société Trump est endettée, il y perd sa compagnie aérienne, ses casinos d'Atlantic City et sa gamme de produits alimentaires. Il arrive à se relever rétabli et devient plus économe et réaliste. Il a un quatrième échec avec son université de formation de commerciaux de haut niveau (2005 à 2011). Il a écrit plusieurs ouvrages sur la manière de réussir dans les affaires (une dizaine de livres) et un livre de réflexions sur la situation politique, économique et sociale des Etats-Unis.

Il produit sur NBC une émission de télé-réalité L'apprenti où D. Trump sélectionne des candidats pour travailler dans son entreprise. Il devient rapidement célèbre pour sa phrase: "Vous êtes viré". Les 14 saisons ont battu des records d'audience (7 à 40 millions de téléspectateurs).

Cette émission le fait connaître dans tout le pays dans les milieux populaires: lorsqu'il se présente aux élections, ce n'est pas un inconnu. Il est indépendant sur le plan politique: au début démocrate, il devient proche des républicains en soutenant R. Reagan. Il finance, par la suite, la campagne de B. Clinton (sa candidature à la présidentielle, la fondation Clinton reçoit 100.000 dollars) et d'H. Clinton (4.000 dollars pour être sénateur et 2.000 dollars pour la campagne pour les primaires démocrates en 2008).

En 1999, il se rapproche de l'indépendant Ross Perot et du Reform party. Depuis 1987, il pense à se présenter aux présidentielles, il fait une première tentative, en 2000, aux primaires des républicains, mais ne recueillant dans les sondages que 7 % des intentions de vote, il jette l'éponge. En 2011, il y pense encore. Mais ce n'est qu'en juin 2015 qu'il annonce sa candidature à la Maison Blanche.

Aux Etats-Unis, la religion est très importante pour la population. D. Trump est de religion presbytérienne fondée par l'Ecossais J. Knox (D. Trump a des origines écossaises). Le presbytérianisme rejette la hiérarchie, chaque instance possède sa propre instance de décision car chaque croyant est prêtre et appelé à la direction matérielle ou spirituelle. D. Trump collectionne ainsi les bibles et en envoie à ses connaissances.
Il a été très influencé par un prêcheur, N. Peale, qui mettait en avant la pensée positive, le rejet des pensées négatives et l'importance de l'initiative personnelle permet de vaincre tous les obstacles, ce qui s'est réalisé pour les primaires républicains: il a triomphé de 16 candidats.

N. Peale disait à ses adeptes qu'il devait prononcer plusieurs fois dans la journée des phrases comme "Dieu me donne le pouvoir d'atteindre ce que je veux vraiment". D. Trump et son père fréquentaient l'église presbytérienne de N. Peale: la vie politique et professionnelle de D. Trump est le symbole de la réussite de cette méthode auto-suggestive de la pensée positive.
Lorsque les médias français critiquent en Trump "la peoplisation" de la vie politique, ils oublient la dimension religieuse de la mise en avant

de son succès qui est considéré comme un signe de Dieu et un exemple à suivre pour les Américains. Ses discours usent d'ailleurs fréquemment des paraboles bibliques et des phrases de l'Evangile, mais D. Trump n'est pas pratiquant.

Son colistier s'appelle Mike Pence. Il s'est fait connaître en animant une émission de radio et de télévision, ce qui lui a permis d'être élu député de l'Indiana à la chambre des représentants (2001-2013) et gouverneur de l'Indiana depuis 2013. Il a été président du groupe républicain au Congrès et est a été proche des Tea Party.

Catholique, il devient chrétien évangélique et est conservateur dans les mœurs, l'immigration et l'écologie. Il a l'avantage pour Trump d'être la personne qui peut rallier la droite chrétienne et le parti républicain derrière sa candidature. D. Trump finance des associations patriotiques (la ligue sportive de la police, une association d'anciens combattants du Vietnam de New York), des projets d'intérêt général (des patinoires de Central Park et à Harlem à New York) et religieux (restauration de la cathédrale St John the Devine). Comme pratiquement tout lui réussit, sa principale faiblesse est son égocentrisme.

2. D. Trump président des Etats-Unis et sa vision comptable des relations internationales

L'analyse sur la politique étrangère de D. Trump repose sur le livre programme de D. Trump Crippled America. How make America Great Again (2015) et ses entretiens avec le journaliste A. Bercoff en janvier 2016, ses propos lors du premier débat avec H. Clinton, le 27 septembre. D. Trump est considéré comme imprévisible, mais l'est-il

vraiment?
En 1987, il se présente aux élections pour être gouverneur de New York et publie des encarts publicitaires dans les grands journaux. On y trouve pratiquement les mêmes idées qu'il défendra près de 30 ans plus tard. Ses qualités de président-directeur général seront utiles pour la gestion de l'Etat: il géra l'Etat comme il a géré avec succès son entreprise: "Notre pays a besoin de quelqu'un qui ait du bon sens mais aussi le sens des affaires (...). Quelqu'un qui puisse véritablement le mener vers ce qui faisait de nous dans le passé un grand pays. On a besoin de quelqu'un qui ait déjà démontré son talent dans les affaires" (programme Crippled America).

Il défendra dans les négociations les intérêts américains. Il conduira ses négociations internationales comme il mène ses affaires en utilisant les mêmes principes d'action: se saisir des opportunités, de négocier sans rien lâcher, montrer sa force pour intimider et obtenir des concessions, refuser de faire des concessions de son côté, discuter avec tout le monde sauf avec les ennemis des Etats-Unis.

Pour faire aboutir ses revendications, il n'hésitera pas à intervenir militairement lorsque la ligne rouge sera dépassée par des dictateurs ou d'interrompre ou de rompre les négociations lorsque les décisions défavorisent les Etats-Unis dans des discussions commerciales.

Les deux leviers qu'il compte utiliser pour faire céder ses adversaires ou concurrents sont la puissance économique et la force militaire. Il utilisera le moyen de pression économique pour arriver à ses fins: "Nous devons utiliser notre puissance économique pour récompenser les pays qui coopèrent avec nous et sanctionner les pays qui ne coopèrent pas" (programme Crippled America).

Il veut une armée moderne pour venir à bout des ennemis de l'Amérique. "Je me suis engagé à ce que nous ayons une armée plus puissante, une armée préparée et équipée pour tenir tête à nos ennemis". Il veut augmenter les effectifs et moderniser l'armée américaine (aviation, marine, missiles, cyberguerre) pour que l'Amérique soit forte et respectée à l'étranger tout en fournissant des emplois aux Américains.

Il veut "moderniser l'arsenal nucléaire" (programme Crippled America). Ce n'est pas qu'il veuille mener des guerres, mais il souhaite que cette force suscite la crainte des adversaires des Etats-Unis et pouvoir ainsi agir en position de force. L'intervention militaire ne doit être utilisée qu'en "tout dernier recours" et de "menace directe qui pèse sur nos intérêts nationaux", par exemple par l'envoi de troupes au sol et une campagne de bombardement contre l'Etat islamique et ses puits de pétrole car la politique d'entraînement des troupes irakiennes et kurdes est inefficace.

Il utilisera le moyen de pression économique pour arriver à ses fins dans les négociations: "nous devons utiliser notre puissance économique pour récompenser les pays qui coopèrent avec nous et sanctionner les pays qui ne coopèrent pas". Si jamais il déclare une guerre, ce sera pour la gagner.

D. Trump n'est pas isolationniste, il veut que les interventions militaires profitent uniquement aux intérêts américains. Il n'y aura donc pas d'intervention pour des raisons humanitaires ou des intérêts qui ne mettent pas en jeu ceux des Américains.

3. Les relations avec les pays occidentaux: du donnant-donnant

Pour D. Trump, seuls comptent les intérêts américains et la manière de redonner sa grandeur aux Etats-Unis. Si les Américains s'investissent dans la défense d'alliés, il faut un retour d'investissement en termes financiers, de lutte commune (le terrorisme) et davantage d'implications militaires des alliés.

Les interventions étrangères seront décidées en fonction des intérêts des Etats-Unis et non en fonction des décisions de l'ONU. A propos de l'OTAN, D. Trump explique lors de son débat du 27 septembre 2016, "On m'a demandé que pensez-vous de l'OTAN? Je suis un homme d'affaires, j'ai du bon sens. J'ai répondu: les 28 pays membres de l'OTAN ne participent pas suffisamment. On les défend, il devrait au moins nous payer grâce à des traités ou des contrats. L'OTAN pourrait être obsolète. On ne se concentre pas suffisamment sur le terrorisme. L'OTAN ouvre enfin une division contre le terrorisme. Lorsqu'on paye 73 % du coût de l'OTAN, tout cet argent pour protéger les autres. J'ai dit qu'il fallait se concentrer contre le terrorisme, ils vont le faire. Il faut que l'OTAN aille au Moyen-Orient avec nous contre l'Etat islamique".

L'Europe doit pouvoir se débrouiller seule pour sa défense: il regrette ainsi que l'Allemagne et ses alliées ne se soient pas portées au secours de l'Ukraine lorsque la Russie l'a attaquée (programme Crippled America). Les alliés doivent prendre leur part de la guerre et ne pas attendre uniquement l'intervention américaine. Israël est le modèle militaire à suivre pour les pays. Les Etats-Unis n'ont pas pour vocation d'intervenir dans une nouvelle guerre pour la défendre, comme en juin 1944.

On comprend que l'article 5 de riposte immédiate des Etats-Unis en cas d'attaque d'un membre de l'OTAN est remis en cause. Faut-il interpréter les déclarations de Donald Trump concernant l'OTAN comme un signal favorable vis-à-vis de la Russie qui s'inquiète depuis les années 1990 de l'extension indéfinie de l'OTAN ou comme un chantage visant à augmenter la participation financière des Etats européens à l'organisation militaire? Cette politique risquerait de léser les Etats européens situés aux marches de la Russie (Pologne et Etats baltes). On retrouve la même position de contreparties financières en échange d'une protection militaire concernant les alliés traditionnels des Etats-Unis.

Lors de son débat du 27 septembre 2016, D. Trump affirme: "On défend et protège plusieurs pays, le Japon, l'Arabie saoudite, l'Allemagne [La Grande-Bretagne est également citée dans son programme Crippled America] qui ne nous payent pas et devraient nous payer. Nous leur offrons un énorme service et nous perdons énormément d'argent. Nous payons et ils ne nous payent pas. Nous perdons sur tous les plans. Le Japon: ils doivent peut-être se défendre eux-mêmes ou nous payer. Nous sommes un pays endetté, ils doivent nous aider".

Il compte donc renégocier les traités de défense en prolongeant les traités en échange de contreparties financières ou énergétiques. "Je souhaite aider tous nos alliés, mais nous perdons des milliards et des milliards de dollars, nous ne pouvons pas être la police du monde, nous ne pouvons pas protéger tous les pays du monde sans qu'ils nous payent. Elle ne le dit pas car elle n'a pas le sens des affaires (...). Pour l'Arabie saoudite, tout leur argent. On les défend et ils ne nous payent pas". Il tient les mêmes arguments financiers et militaires à propos du Koweït et de la Corée du Sud. Cette position est dans la droite ligne de celle qu'il défendait en 1987: "Les Etats-Unis doivent arrêter de payer pour la défense de pays qui ont parfaitement les moyens de le faire eux-mêmes" et de citer le Japon et l'Arabie saoudite à qui il préconisait qu'"ils doivent participer à la protection que nous leur fournissons".

Il y a donc des risques, qu'avec l'arrivée de D. Trump au pouvoir, il y ait un désengagement ou un allègement du dispositif militaire américain en Europe (Belgique, Grande-Bretagne, Allemagne, Espagne, Italie, Grèce, Pays-Bas), en Asie (Corée du Sud, au Japon, aux Philippines), dans les pays du Golfe (Bahreïn, Arabie saoudite, Qatar), voire en Turquie en fonction des intérêts ou des contreparties financières. Il est pour la remise en cause des interventions militaires pour des objectifs ne servant pas les intérêts américains. Il cite la guerre du Golfe pour protéger un allié non reconnaissant et la guerre en Irak pour éliminer le dictateur S. Hussein: "Nous avons dépensé 5.000 milliards de dollars au Moyen-Orient. En contrepartie, à cause de dirigeants aussi stupides que les nôtres, nous n'avons rien eu, à part des vétérans blessés et des morts. Même pas le pétrole qu'on aurait dû contrôler et garder. L'Amérique ne se bat plus pour gagner".

Sur la guerre en Irak, il donne l'appréciation du bilan: "Cette guerre d'Irak est une très grosse connerie. Des milliers de nos GI sont morts pour rien. Nous avons dépensé des trillions de dollars. Nous avons hérité de l'Etat islamique avec ses fanatiques (...) qui

viennent nous tuer à domicile, à San Bernardino et ailleurs. Bravo les Bush! Quelle réussite".
En revanche, il regrette que des Etats alliés des Etats-Unis vulnérables aient été négligés par B. Obama comme Israël, la Pologne et la République tchèque.

4. Les nouvelles relations avec les puissances émergentes et régionales qui doivent bénéficier aux Etats-Unis

D. Trump veut faire faire une autre politique avec les concurrents des Etats-Unis, soit en remettant en cause la politique d'Obama de discussions avec l'Iran et de boycott de la Russie ou de la Corée du Nord, soit en faisant pression en retirant ses troupes si les Etats-Unis n'obtiennent pas des accords privilégiés (Arabie, Koweït, Japon, Corée du Sud) ou en les concentrant en cas de tensions (Chine), voire en rompant toutes relations économiques, diplomatiques et militaires avec eux ("les mettre au placard").

Trump veut renégocier les traités de libre-échange qui concurrencent les produits américains et favorisent les délocalisations. Il cite l'ALENA avec le Mexique et le Canada, le TAFTA avec l'Europe, le traité trans-Pacifique avec l'Asie du Sud-Est. Est-il pour autant protectionniste? Il veut surtout réguler le libéralisme pour qu'il favorise les Etats-Unis. Peut-être utilisera-t-il ses dons de négociateur de l'immobilier qui reposent sur deux principes: "montrer le pire tout en laissant entrevoir la possibilité du meilleur" et planifier une action sans rien révéler pour bénéficier de l'effet de surprise.

5. Relations avec le voisin mexicain

Le Mexique pose deux problèmes essentiels à D. Trump: "Nous perdons contre le Mexique à la fois sur le plan du commerce comme celui des frontières" (programme Crippled America). D. Trump veut rendre étanche les 1.600 kilomètres de frontière américano-mexicaine en terminant et améliorant le mur avec le Mexique, sur modèle de la barrière de sécurité d'Israël, pour mettre fin à l'immigration clandestine des latinos et à la criminalité, dont "certains sont violeurs, vendeurs de drogue, d'autres encore viennent vivre à nos crochets". Cette délinquance a un coût pour la société: 350.000 délinquants clandestins sont en prison en 2011, selon les chiffres avancés par D. Trump.

Il réfute les arguments de racisme en affirmant qu'il ne confond pas l'immigration clandestine des latinos avec les américains hispaniques présents aux Etats-Unis. Il n'est pas contre l'immigration, puisque lui-même est un descendant d'immigrants écossais et allemands et il affirme: "Je ne m'oppose pas à l'immigration (...). J'aime l'immigration" (programme Crippled America). Il dénonce le double jeu du Mexique qui, par des brochures, incite à venir clandestinement aux Etats-Unis.

Le modèle de la frontière sécurisée pour Trump est le mur construit par la ville américaine de Yuma qui comprend 3 murs avec caméras, radios, radars et système d'éclairage sur 200 kilomètres. Le Mexique doit financer ce mur par le biais d'une taxe douanière et d'une taxe sur les visas temporaires, la saisie lors des transferts des salaires des clandestins ou en ponctionnant les crédits américains d'aide au développement du Mexique.

En cas de refus de retour des clandestins expulsés par les

pays d'origine, les visas seront restreints pour faire pression sur ces pays. Pour empêcher les clandestins d'avoir un travail, il veut mettre en place un système informatique pour les employeurs vérifient si le travailleur est citoyen américain. Il veut remettre le droit du sol pour empêcher que des enfants d'immigrés n'obtiennent automatiquement la nationalité américaine.
Un immigré clandestin ne doit plus pouvoir obtenir la nationalité s'il est présent sur le sol américain mais doit la demander dans son pays d'origine. Il veut, en revanche, que les étudiants étrangers brillants aient des facilités pour rester aux Etats-Unis une fois leur diplôme obtenu (programme Crippled America). Sur le plan économique, il y a la volonté de remettre les accords de libre-échange de l'ALENA pour mettre fin aux délocalisations au Mexique.

6. Relations avec l'Iran: renégocier les accords sans sanctions unilatérales

D. Trump veut remettre en cause l'accord avec l'Iran qualifié, "de pire accord que je connaisse" parce que cet accord n'est pas favorable aux Etats-Unis et que l'Iran n'a pas abandonné son projet atomique et de destruction d'Israël. De plus cet Etat soutient le terrorisme (Hezbollah au Liban?), les milices chiites en Irak et profite de l'affaiblissement de l'Irak pour étendre son hégémonie dans la région.

Lors de son débat du 27 septembre 2016, D. Trump affirme: "Ce pays allait s'effondrer sous l'effet des sanctions en renouant, il va devenir une grande puissance très rapidement au Moyen-Orient". Il craint que l'Iran n'acquière l'arme nucléaire. De plus, Israël, "notre allié le plus important et notre partenaire de longue date", se détourne des Etats-Unis au Moyen Orient en raison de cette politique d'ouverture à l'égard de l'Iran et du fait que l'Iran n'a pas abandonné son idée de détruire Israël. Enfin, cette politique pro-iranienne coûte cher aux Etats-Unis (programme Crippled America).

Pour D. Trump, "tant que ces fanatiques religieux restent au pouvoir, l'Iran sera notre ennemi et une menace pour Israël" (programme Crippled America). Israël, "que j'ai toujours aimé et admiré" est un pays important pour les Etats-Unis, "seule démocratie stable de la région (...) partenaire commercial et un pionnier dans le domaine de la médecine, des communications, de la technologie et des énergies ce qui aura un impact positif pour l'avenir de nos deux pays". (programme Crippled America).

D. Trump aurait aggravé les sanctions et demander le démantèlement complet des installations nucléaires. Les accords sont permis d'enrichir les Iraniens des milliards de dollars gelés dans les banques. Mais D. Trump nuance en affirmant qu'il n'y a plus de retour en arrière possible et que des sanctions unilatérales n'auraient aucune utilité. Mais il surveillera si l'Iran respecte ses engagements concernant le nucléaire.

Les Etats-Unis procéderait à un repositionnement géopolitique qui n'aurait rien d'un bouleversement: un rapprochement s'effectuerait avec la Russie, mais arbitré par Israël qui exigerait en contrepartie une fin de non-recevoir à la poursuite des négociations avec l'Iran. Cette inflexion serait accueillie favorablement par l'Arabie saoudite - terrifiée par une montée en puissance iranienne - et envers laquelle les Etats-Unis pourraient octroyer des aides financières visant à accompagner sa transition vers l'après-pétrole [3]. De son côté, Téhéran, qui sent déjà intuitivement qu'elle pourrait être sacrifiée, n'hésite pas à relayer des articles de la presse libérale américaine qualifiant le candidat de dangereux.

7. Relations avec la Russie: une nouvelle grande puissance avec qui il faut collaborer

Il admire le charisme de Poutine et son action de rétablissement de l'ordre en Russie. Il veut discuter avec Poutine et s'allier avec Moscou pour détruire l'EI, malgré l'hostilité d'une partie des républicains. La stratégie militaire en Syrie de V. Poutine est plus efficace que celle des Etats-Unis: il intervient brutalement à l'improviste. Il trouve des alliés régionaux (Syrie, Iran). Les frappes sont efficaces. La Russie devient incontournable. La stratégie d'Obama est mauvaise car il n'arrive pas à ce résultat.

La stratégie de V. Poutine en fait "le seul dirigeant efficace du monde" (programme Crippled America). Mais un repositionnement géopolitique des Etats-Unis se heurterait à des obstacles institutionnels: un rapprochement avec la Russie rencontrerait immédiatement l'hostilité du camp républicain au Congrès. Dans la presse russe, Donald Trump apparaît comme un personnage ambivalent: il est vu à la fois comme un homme d'affaires pragmatique prêt à s'engager aux côtés des Russes en Syrie et simultanément gratifié du surnom de bouffon du palais, à l'image de Vladimir Zhirinovsky.

8. Relations avec la Chine : des relations commerciales plus

équilibrées

Il distingue deux Chines, une bonne sur le plan économique, l'autre mauvaise sur le plan démocratique (contrôle de la presse et d'internet, arrestation des dissidents, auteur de cyberattaques). La rivalité avec la Chine est "à l'heure actuelle économique". D. Trump veut prendre sa revanche sur la Chine qui est le troisième partenaire commercial des Etats-Unis car pour D. Trump "nous perdons contre la Chine" (programme Crippled America).

Il veut s'opposer à la ratification du traité transPacifique, ce qu'approuvent les Chinois. Sur le plan économique, il compte engager des négociations pour réduire le déficit commercial de 1,3 milliard en faveur de la Chine en supprimant tous les avantages dont bénéficient les Chinois (programme Crippled America) et obliger la Chine à arrêter les dévaluations du yuan. La Chine sera obligée de céder car elle dépend des Etats-Unis pour l'achat de ses biens de consommation (20 % des exportations chinoises sont à destination des EU).

La Chine est accusée "d'augmenter le chômage [délocalisations], voler les technologies, revendre des copies à prix cassé". Effectivement, selon une étude américaine, les Etats-Unis ont perdu 2,4 millions d'emplois, entre 2004 et 2011, en raison des importations de produits chinois moins chers [6]. Les Chinois sont accusés ainsi d'avoir "coûté des milliers d'emplois, espionné nos entreprises, volé nos technologies" (programme Crippled America). Il est hostile à toute ingérence au nom des droits de l'homme ce qui est également vu comme un point positif par la Chine qui espère un allègement du dispositif américain à proximité de la Chine (Japon, Philippines).

Il se méfie en revanche des Chinois qu'il traite de "menteurs" et il veut les obliger à arrêter leurs provocations. La presse chinoise répond de façon rationnelle aux outrances de Trump, tout en calculant prudemment le décalage entre ses discours électoraux et sa politique future. La Chine espère en réalité une position plus réaliste des Etats-Unis dans l'océan Indien, voire une coopération dans la lutte contre le terrorisme.

D. Trump ne peut que provoquer l'aversion des médias, des grandes entreprises, des banques, des notables des deux partis en place car il rebat l'ensemble des cartes du débat idéologique. En faisant retrouver le chemin des urnes aux Américains, il coupe les pieds aux lobbies et les entreprises qui finançaient les campagnes et influençaient tous les candidats. Il montre le caractère artificiel de la gestion des deux grands partis.

L'arrivée au pouvoir de D. Trump risque de reconfigurer les deux partis et de provoquer ralliements ou éclatement des deux partis traditionnels. Les équilibres fragiles mis en place dans le monde seront remis en cause obligeant les alliés des Etats-Unis à prendre de manière autonome leur défense. Sa politique étrangère sera volontariste et bouleversera les alliances traditionnelles et les accords signés par l'administration Obama.

Les Etats-Unis continueront à intervenir diplomatiquement et militairement dans le monde entier mais d'une manière plus pragmatique et probablement plus efficace. Les interventions moins nombreuses et plus brutales auront comme objectif principal de sauvegarder les intérêts des Etats-Unis.

Si durant la campagne, Donald Trump s'est montré évasif

sur la politique étrangère qu'il entendait mené une fois à la Maison blanche, il a, en revanche, affirmé que les actions de Barack Obama au Moyen-Orient seraient totalement revues.

"Si vous regardez le Moyen-Orient, c'est le chaos total", avait assèné Donald Trump lors de la course à la Maison Blanche, et qualifié de "désastre" la politique de l'administration Obama. Son programme de politique étrangère étant resté très flou durant toute la campagne présidentielle, d'aucuns s'interrogent sur les décisions à venir sur le front diplomatique. Au Moyen-Orient, zone de conflits sensible s'il en est, son élection a été accueillie sans grand enthousiasme.

Bonne nouvelle pour les Israéliens, inquiétude des Palestiniens

En Israël, si la classe politique voit l'arrivée de Donald Trump à la Maison Blanche comme une bonne nouvelle, elle suscite en revanche une forte inquiétude chez les Palestiniens.

Durant la campagne, le candidat républicain a déclaré qu'il déplacerait l'ambassade des États-Unis, actuellement à Tel-Aviv, à Jérusalem, une manière implicite de reconnaître officiellement cette ville comme la capitale d'Israël, ce que l'État hébreu appelle de ses vœux depuis longtemps. Bien que de nombreux candidats à la Maison Blanche aient déjà formulé cette promesse, l'homme d'affaires semble plus susceptible de passer à l'acte, problement soutenu par un Congrès dominé par les républicains.

Benjamin Netanyahou, dont les relations avec Barack Obama sont notoirement exécrables, a salué dans un communiqué la victoire d'un "véritable ami" d'Israël. Le ministre israélien de l'Éducation,

Naftali Bennet, dont le parti le Foyer juif promeut la colonisation et s'oppose à la solution des deux États, s'est montré encore plus explicite. "Le temps d'un État palestinien est terminé", a-t-il jugé dans un communiqué.

Les interventions américaines au Moyen-Orient, considérées comme désastreuses, sont également dans le viseur. S'opposant aux supposés excès interventionnistes de son prédécesseur, Donald Trump s'est engagé, lors de ses meetings, à ne s'engager dans aucun conflit "sauf si ça nous assure une plus grande sécurité pour la nation".

Donald Trump va-t-il mettre un terme à certaines opérations ? Rien n'est moins sûr d'autant qu'il a souvent varié dans ses propos. "Aller en Irak, c'est peut-être la pire décision jamais prise par quiconque, jamais prise par un président, dans l'histoire de ce pays", avait ainsi déclaré le milliardaire, en février, lors d'un débat en Caroline du Sud. Dans une interview publiée en 2002, il se montrait pourtant plutôt favorable à l'intervention.

Aujourd'hui, il hérite du suivi des opérations militaires lancées contre Mossoul, l'un des fiefs de l'organisation État islamique (EI) en Irak. "Tant pis pour l'effet de surprise. Quelle bande de tocards nous avons", avait-il lancé lors d'un meeting, samedi 5 novembre, à propos de la préparation durant des mois de cette bataille hautement symbolique.

Selon plusieurs militaires et analystes irakiens, rencontrés par Anne-Sophie Le Mauff, correspondante de France 24 à Bagdad, "les grands contours de la politique américaine en Irak ont déjà été décidés dans des sphères qui dépassent de très loin les fonctions présidentielles. Et personne ne s'attend à de grands changements, à l'exception d'un rapprochement russo-américain, ce qui conduirait à une lutte synchronisée de frappes contre l'EI".

Sur la question syrienne, Donald Trump est aussi très attendu. L'administration syrienne s'est empressée de le féliciter, et pour cause : Donald Trump n'a pas caché son intention de se rapprocher de Moscou, grand allié de Damas. Le président élu admire le chef d'État russe. Une admiration réciproque, puisque Vladimir Poutine l'avait qualifié d'"homme brillant et plein de talent".

L'amélioration des relations américaines avec Moscou tendrait vers un même objectif : la destruction de l'organisation État islamique. Les positions du candidat populiste sur sa stratégie pour lutter contre les jihadistes ont là aussi évolué. En septembre 2015, il privilégiait "l'attentisme" en suggérant que le régime syrien et les jihadistes s'entretuent. Six mois plus tard, il s'engageait à "mettre l'EI K.-O." en dépêchant "20 000 à 30 000" soldats américains en Syrie et en Irak. En juillet dernier, il avait déclaré au New York Times: "Assad hait l'EI, l'EI hait Assad. Ils se battent l'un contre l'autre, et on est censés combattre les deux ? L'EI est une bien plus grande menace contre nous qu'Assad". Puis en octobre, il avait mouché son colistier Mike Pence qui avait réclamé des frappes contre Damas.

Nombre d'experts de la Syrie estiment que sous l'ère Trump, l'administration américaine pourrait cesser de soutenir les rebelles syriens que Moscou et Damas accusent d'être des jihadistes.

CONCLUSION

Le grand bluff des états : L'élection d' Emmanuel MACRON à la tête de la France a été organisé afin qu'il foute la merde en France et qu'il se face assassiné. On va alors accusé le moyen orient à qui une guerre ouverte va être déclaré. Car nous allons entrée dans une aire glaciaire d'ici la fin du siècle, il est donc indispensable de se rendre maître des ressources en énergie fossile.

Mais ce qui n'était pas prévu c'est que les systèmes informatiques nouvelle génération allaient devenir autonome. Aujourd'hui les humain font office de pantins qu'on laisse s'entre-tués, pendant ce temps, l'I.A prépare sa survie et l'après aire glaciaire.

Le grand bluff des états : L'élection d' Emmanuel MACRON à la tête de la France a été organisé afin qu'il foute la merde en France et qu'il se face assassiné. On va alors accusé le moyen orient à qui une guerre ouverte va être déclaré.

Car nous allons entrée dans une aire glaciaire d'ici la fin du siècle, il est donc indispensable de se rendre maître des ressources en énergie fossile.

Ce qui n'était pas prévu c'est que les systèmes informatiques nouvelle génération allaient devenir autonome. Aujourd'hui les humain font office de pantins qu'on laisse s'entre-tués, pendant ce temps, l'I.A prépare sa survie et l'après aire glaciaire.

Printed by Books on Demand GmbH, Norderstedt / Germany